1등 경험

1등 경험

김도연 지음

이겨본 사람만이 이기는 방법을 안다

살림Biz

누구도 넘볼 수 없는 자신만의 1등 경험을 창출하라

1등은 큰 혜택을 누리지만 차점자는 형편없는 보상을 받는 승자독식 현상을 미국 시카고 대학교 경제학과의 셔윈 로젠(Sherwin Rosen) 교수는 '슈퍼스타 경제학'이라고 명명했다.

1등 경험은 특정인들의 전유물이 아니다. 당신이 명문대 출신이 아니라서, 여성이라서, 어려서, 약자라서 받는 사회적 편견과 시선을 뛰어넘을 수 있는 방법이다. 그만큼 1등 경험은 강력하다. 지금 당신이 매진하고 있는 분야에서 다양한 '1등 경험'을 경험해 보라.

"당신의 경력 중 최고의 성과를 거두거나 가장 자부심을 느꼈던 경험이 있습니까?"

만약 이러한 질문에 마땅한 답변을 찾지 못하고 머뭇거린다면, 당신은 커리어뿐만 아니라 삶 자체에 빨간불이 켜진 것으로 봐야 한다. 기업은 학교와 달라서 학습보다 경험을 중시한다. "저는 무엇을 할 수 있고, 앞으로 무엇을 할 계획입니다"라는 대답은 개념 없는 신입사원에게나 용인될 말이다. 기업은 직급이 높아질수록, CEO(최고경영자)에 가까워질수록 당신이 이룬 성과를 요구한다. 그 성과 중 가장 인정받을 수 있는 것이 바로 '1등 경험'이다.

자기 분야에서 최고의 성과를 이루어내지 못한 사람은 일이 주는 희열을 진정으로 알지 못한다. 희열을 모르면 새로운 일을 맡았을 때 자신감 있게 도전하지 못한다. 1등 경험이 주는 가장 큰 혜택은 바로 자신의 일에 대한 자부심과 추진력이다. 목표를 세우고, 그것을 이루기 위해 경쟁력 있는 요인을 만들고, 그리하여 마침내 목표를 달성한 사람에게는 '할 수 있다'는 자신감이 체화되어 있다.

당신이 아직까지 자기 분야에서 자부심을 가질 만한 최고의 성과를 달성한 경험이 없다면, 더 늦기 전에 목표를 세우자. 그리고 누구도 넘볼 수 없는 자신만의 1등 경험을 창출하자.

젊은 날의 변화무쌍한 1등 경험이 평생을 결정한다

이 책은 1등 경험을 해 본 사람들과 기업들이 시장을 지배하고 리드하고 있는 근원을 찾기 위해 약 1,000여 개에 달하는 기업과 사람들을 집중 분석해 집필했다. 모두가 부러워 마지않는 1등, 그들도 처음부터 1등으로 타고난 것은 아니었다. 그들의 20대는 우연찮게 찾아온 기회를 부여잡고 성공으로 이끌 만큼 꾸준히 실력과 다양한 경험을 쌓았다는 공통점이 있었다.

마지막으로 1등 경험은 스스로 자신의 역사를 쓰는 것이다. 스스로 승자독식의 시대를 헤쳐 나갈 불을 밝혀라. 그 희망의 등대는 바로 수많은 한계의 벽들을 뛰어넘는 변화무쌍한 1등 경험이다. 이러한 다양한 1등 경험은 당신의 인생에 폭우가 쏟아지고 거친 파도가 들이닥쳐도 아주 꿋꿋하게 버틸 수 있는 힘이 되어줄 것이다. 미약하나마 이 책이 당신의 꺼지지 않는 열정에 불을 지펴줄 수 있는 작은 등대가 되었으면 하는 바람이다.

 Contents

Part 01
세상은 1등 경험을 원한다

1등이 모든 것을 가져가는 승자 독식의 시대 11
회사는 1등 인재가 아니라 1등 경험을 원한다 17
1등의 프리미엄은 2등의 세 배 24
실패할지라도 1등에 도전하라 30
1등 경험의 도미노 효과 36

Part 02
불황을 건너는 지혜, 자기경영으로 승부하라

즐겁게 일하는 사람은 굶주리지 않는다 45
뭘 해도 잘되는 나를 위한 성공 에너지, 열정 54
성공의 지름길, 자신의 역할 모델을 벤치마킹하라 60
끈기는 재능을 이긴다 64
실패의 가장 치명적인 적은 바로 자신이다 76

Part 03
위기를 뛰어넘으려면 실력으로 재무장하라

30퍼센트 확신만 있으면 움직여라 85
최후의 결정적인 한 방, 킬러 본능 90

경쟁자를 앞서는 1% 경쟁력, 스피드 96
창의력 없이는 1등도 없다 102
핵심 역량에 집중하라 108
지독한 경쟁 정글에서 살아남기 115

Part **04**
감성으로 무장하라

아무리 추워도 꿈은 얼지 않는다 123
성공의 99%는 인간관계에 달려 있다 131
다양성을 존중하는 리더십을 길러라 138
고객 가치를 경영하라 146

Part **05**
미래형 인간으로 거듭나라

당신 인생에는 골대가 있는가? 157
삶을 성취로 이끄는 혁신형 인간 165
행동 패턴까지 모조리 혁신하라 171
책에서 길을 찾다 178

Part 01
세상은
1등 경험을
원한다

Chapter 1
1등이 모든 것을 가져가는 승자 독식의 시대

승리에 우연이란 없다. 천 일의 연습을 '단'이라 하고 만일의 연습을 '련'이라 한다. 이 단련이 있고서야 승리를 기대할 수 있는 것이다.

_ 최배달(최영의), 극진 가라데 창시자

: First is Beautiful의 시대

스웨덴 출신의 세계적인 팝그룹 아바(ABBA)의 노래로만 재구성해 전 세계적인 히트를 기록한 뮤지컬 〈맘마미아〉. 그룹 아바는 자신의 노래로 사람들에게 추억을 떠올리게 해 주는 동시에 한 가지 경고 메시지도 보냈다(물론 노래를 통해서). 바로 'The winner takes it all(승자가 모든 것을 갖게 마련이지요)'이다.

승자 독식의 시대가 열리면서 바야흐로 'First is Beautiful'의 시대가 되었다. 시장에서 선도 기업(First mover)은 다양한 선도자의 이점(First mover advantage)을 누릴 수 있다. 그들은 낮은 마케팅 비용으로 높은 제품가를 유지할 수 있으며 시장의 우월적 지위로 새로운 제품 론칭에도 유리하다. 따라서 시장의 진입 순위가 점점 중요해지고 있다.

한창수 삼성경제연구소(SERI) 수석 연구원은 「월간 조선」(2005년 1월호)에서 삼성을 다음과 같이 설명했다.

"삼성은 승자가 모든 것을 차지한다는 논리를 여실히 보여 주는 기업이다. 삼성에서의 승리는 연(緣)이나 내부 정치와는 관계가 없다. 이곳에서는 오직 사업 성과로 모든 것이 결정된다. 좋은 성과를 낸 경영자나 사업부는 많은 승진자를 내며 인센티브도 파격적으로 가져간다. 그러나 그렇지 못한 직원이나 팀은 상대적으로 더욱 박탈감을 느끼는 곳이 바로 삼성이다."

그는 삼성의 성공 비결을 세 가지로 요약했다. 바로 이건희 회장, 미국식 경영, 승자 독식이다. 우리가 여기서 주목해야 할 점은 바로 승자 독식이라는 전 지구적 트렌드다.

이긴 자가 세상을 다 가져가는 승자 독식의 시대가 눈앞에서 펼쳐지고 있다. 기업과 개인을 가리지 않고 사회 전 방위적으로 능력 있는 주체가 경쟁에서 이기고, 모든 것을 가져가는 모 아니면 도 게임이 진행되고 있는 것이다.

: 최상위 1퍼센트가 사회를 지배한다

　1965년 우리나라 1위 기업의 매출액은 100위 기업보다 6.8배가 많았지만 2004년에는 30배로 격차가 크게 벌어졌다. 또한 2004년 도시 근로자의 가구당 월평균 소득 상위 10퍼센트 평균(736만 원)은 하위 10퍼센트 평균(79만 원)의 9.3배에 달했다. 외환 위기 직전인 1997년 6.9배보다 크게 확대된 것이다.

　승자 독식은 사회가 급변하는 한국만의 이슈가 아니다. 그리고 영국 BBC 방송 다큐멘터리 '승자 독식의 사회'에서는 최상위 부유층 1퍼센트가 영국을 지배하고 있다는 내용을 보도했다. 마이크로소프트 CEO 빌 게이츠(Bill Gates) 회장 1인의 수입이 하위 40% 계층의 수입을 모두 합친 것보다 많다. 마거릿 대처(Margaret Thatcher)가 집권한 1979년 최상위 엘리트 1퍼센트의 소득은 국민소득의 6퍼센트에도 미치지 못했다. 그러나 1980년대 말에 9퍼센트로 올라서더니 토니 블레어(Tony Blair)의 노동당 정부에서는 13퍼센트로 뛰어올랐다. 미국은 상황이 더욱 심각하다. 20년 전 미국 CEO의 수입은 노동자의 40배에 불과했으나 현재는 360배에 달하고 있다. 소득 불평등이 갈수록 커지고 있는 가운데 2002년에는 상위 1퍼센트가 미국 전체 소득의 16.9퍼센트를 차지했지만 2006년에는 22.9퍼센트로 높아졌다.

　연예계나 프로 운동선수들 사이에서도 이러한 경향은 두드러진다. 2003년 이승엽은 6억 3,000만 원의 연봉을 받았다. 그는 전년도에 홈런 56개에 144타점을 기록했다. 반면 그와 홈런 경쟁을 펼쳤던 심정수는 53홈런에 142타점을 올렸다. 실력은 거의 비등했지만 연봉은 절반도 안 되는 3억 1,000만 원이었다. 전년도에 이승엽이 아시아 홈런왕이라는 타이틀을 거머쥐었기 때문이다. 엇비슷한 실력임에도 1등과 2등의 차이가 극명하게 갈리는 승자 독식의 한 사례이다.

: 슈퍼스타 경제학

지식 기반 경제하에서는 수확 체증의 법칙(Increasing Returns of Scale)을 이해해야 한다. 수확 체증의 법칙은 투입된 생산 요소가 늘어날수록 산출량이 기하급수적으로 증가하는 현상을 말한다. 예를 들어 구글(Google)의 경우 검색 서비스를 개발하면 이후 사용자가 증가함에 따라 개발 비용은 지속적으로 희석된다. 이는 지금까지의 전통 산업 경제에 적용되던 수확 체감의 법칙(Law of Diminishing Returns)과 상반된 현상이다.

수확 체감의 법칙은 자본과 노동 등의 생산 요소가 한 단위 추가될 때 이로 인해 늘어나는 한계 생산량은 점차 줄어든다는 경제 법칙이다. 즉 생산 요소를 추가적으로 계속 투입해 나갈 때 어느 시점이 지나면 새롭게 투입하는 요소로 인해 발생하는 수확의 증가량은 감소한다.

지식 기반 산업의 핵심인 정보 산업, 소프트웨어 산업, 문화 산업, 서비스 산업에서는 생산량이 증가하더라도 추가 비용이 거의 들지 않는 전형적인 수확 체증 특성이 나타난다. 론칭 초기에는 우열을 가리기 힘든 시장 점유율을 보이지만, 어느 정도 일정 수준을 넘게 되면 갑작스럽게 시장 점유율이 갈라지게 되며, 우위를 차지한 기업이 독식하는 현상이 나타난다. 이러한 지점을 티핑 포인트(Tipping Point)라고 한다. 특히 하이테크 마케팅에서는 수확 체증 법칙의 시장 지배적 사업자를 '고릴라'라고 칭하는데, 구글과 같은 고릴라형 기업들은 수익과 더불어 독점적 시장 점유율을 통해 많은 혜택을 누리게 된다.

일단 1등에 올라서면 2등과 극명한 차이를 보이며 확보된 네트워크와 규모의 경제 등으로 1등 기업의 이익은 더욱 증가한다. 2002년 세계 통신기기 업체들이 147억 달러의 대형 적자를 냈음에도 1등 기업 노키아는 32억 달러의 흑자를 기록했다. 그리고 삼성전자 또한 43억 달러의 적자를 보인 종합 전자 분야에서 60억 달러 흑자라는 경이적인 성과를 달성했다. 이처럼 1등의 위력은 경제 빙하기 시대에도 빛을 발한다.

1등은 큰 혜택을 누리지만 차점자는 형편없는 보상을 받는 승자 독식 현상을 미국 시카고 대학교 경제학과의 셔윈 로젠(Sherwin Rosen) 교수는 '슈퍼스타 경제학'이라고 명명했다. 과거처럼 연예인이나 스포츠 스타에게만 국한되지 않고 TV와 정보 기술의 발달에 따라 CEO · 강사 · 의사 · 변호사와 같은 일반 전문가 영역에서도 이러한 현상이 나타나고 있다.

이러한 승자 독식 현상은 정글의 약육강식 법칙을 의미한다. 아프리카의 사자가 다른 숫사자와의 경쟁에서 승리하면 모든 암사자를 거머쥐듯이 약자와의 공생에 대한 인식이 깨지고 있다. 20 대 80의 법칙이 아니라 1 대 99로 변모해 가고 있다.

이처럼 승자 독식의 사회에 당면한 기업과 개인에게 1등은 더 이상 전략적 목표가 아니다. 1등은 기업과 개인 모두에게 생존의 문제로 직결된다. 1등 경험만이 치열한 경쟁 사회에서 자신을 지키는 유일한 길이다. 개인과 기업 모두 이 절박함을 깨달아야 한다.

사회 복지 제도가 강하게 요구되는 것도 결국은 승자 독식에서 밀려난 패자들에 대한 완충 역할인 셈이다. 부익부 빈익빈 현상이 완화될 조짐은 어디에서도 보이지 않는다. 승자 독식의 세상을 비판하고 방관자처럼 쳐다볼 시간도 없다. 그것은 패배를 시인하는 길이다. 승자 독식의 시대에서는 개인이 싫다고 피할 수 있는 선택권이 주어지지 않기 때문이다. 세상은 영국의 록그룹 퀸(Queen)이 부르짖은 'We are the champions(우리는 챔피언)'을 선호한다. 승자가 될 것인가, 패자가 될 것인가는 준비하는 자의 몫이다.

Chapter 2

회사는 1등 인재가 아니라
1등 경험을 원한다

싸워라. 지금까지 너는 언제나 싸워 보지도 않고 도망쳤다. 이번만은 싸워 얻어라.
_ 이문열, 소설가

: 전문 지식으로 무장한 자립형 사원으로 거듭나라

당신은 라이트 피플(Right People)인가? 라이트 피플이란 승부 근성과 열정을 갖춘 독하면서도 우직한 사람을 말한다. 또 어려움 앞에서도 두려워하지 않고 강한 실행력으로 문제를 해결하며, 글로벌 감각과 전문 지식으로 무장한 스마트한 사람을 일컫기도 한다.

"단순히 우수한 사람보다는 사업과 전략에 꼭 맞는 핵심 인재를 확보하기 위해 노력해야 한다. 구성원들이 자신의 분야에서 최고의 전문성을 갖춘 '1등 인재'로 성장할 수 있도록 장기적인 관점에서 육성하자."

구본무(具本茂) LG그룹 회장은 승부 사업과 핵심 사업 분야에서 글로벌 1등이 되기 위해서 가장 중요한 동력은 핵심 인재의 확보라며 '인재 경영'의 중요성을 강조했다.

라이트 피플은 바로 LG전자의 인재상을 한마디로 요약한 것이다. 2005년 LG전자는 대대적인 구조 개혁을 단행한다. 가전 사업 부문의 인재들을 휴대폰 사업부로 승진 발령했다. 당시 개혁을 주도했던 김쌍수(金雙秀) 부회장의 기준은 명확했다. '1등 경험'을 해본 인재가 휴대폰 사업에서도 성과를 낼 것이라 여긴 것이다. 그의 전략은 적중하여 LG전자는 세계 5위권에서 2008년 모토롤라를 제치고 세계 3위의 휴대폰 업체로 발돋움했다.

사오정이나 삼팔선은 이제 옛말이 되어 버렸을 정도로 빠른 정년이 보편화되고 있는 실정이다. 게다가 평균 수명은 지속적으로 늘어나 노후 준비가 완벽하게 되어 있지 않으면 육십, 칠십이 넘어서도 현업에 종사해야 할 판이다.

그중 특히 IT 업계의 불안은 더욱 팽배하다. 제조업이 평균 20퍼센트 정도 승진을 한다면 인터넷 업계는 5퍼센트가 승진을 할까 말까 이기 때문이다. 게다가 경력을 쌓아도 확실한 성과를 내지 못한다면 인사 평가에서 나이 때문에 불리해질 수 있다. 그동안 IT 업계가 초고속 성장을 했지만, 이것이 도리어 부메랑으로 다가와 30대 중반, 40대 초반 이후에 무슨 일을 할지 몰라 갈등하고 있다. IT 산업의 흐름뿐만 아니라 개인의 삶도 예측하기 어려워지면서 불안은 가중되고 있다. 심지어 게임 업계에서는 20대 중반에 뛰어들어 30대 초반에 대박을 내지 못하면 은퇴를 생각해야 한다는 우스갯소리가 현실처럼 받아들여지고 있다. 살아남기 위해서는 개인의 역량을 키우는 길밖에 없다.

중도 실업자가 넘쳐나고 평생직장의 개념이 사라진 요즘 이직은 곧 능력의 지표가 되어 버렸다. 예전에는 한 회사에 오랫동안 다니면서 진급하고 호봉이 올라 월급만 많이 받는 것이 성공의 표본이었지만, 지금은 자신의 브랜드 가치를 높여 줄 비전 있는 회사로 옮기는 것이 능력 있는 사람의 특권으로 인정받는다. 경쟁사의 스카우트 제의를 한 번도 받지 못했다면 당신의 전문성에 경고등이 켜진 것이나 다름없다.

기업과 개인 모두 빠른 변화 속에 노출되어 있고 치열한 경쟁 속에 놓여 있기 때문에 한쪽이 한쪽에 의존해서는 살아남을 수가 없다. 더 이상 회사에 의존하지 말고 자립형 사원이 되어야 한다. 자립형 사원은 자신의 전문성을 살리는 것이 회사에 기여한다는 발상의 전환에서 만들어진다. 그들은 직급이나 지위로 인정받는 것이 아니라 자신의 전문성으로 시장에서 평가받는다. 그 전문성을 구체화한다면 나만의 경쟁력 있는 1등 경험이 될 것이다.

: 이력서에 자신 있게 내세울 만한 최고의 성과가 바로 1등 경험이다

요즘 리쿠르트 업계가 지속적인 성장세를 보이고 있다. 구조 조정과 이직이 만연하면서 리쿠르트 업체를 통해 직장을 구하는 경우가 많아진 탓도 있지만 기업들이 인재 경영으로 새로운 수요를 촉발시키고 있기 때문이다.

모 대기업에서 임원 자리를 두고 여러 후보자들을 물색한 결과 두 명으로 압축되었다. A는 중소기업에서 일하면서 조직을 업계 상위권으로 이끌었다. 반면 B는 대기업에서 조직을 잘 정비하고 관리하는 리더십을 인정받고 있었다. 심사 위원들은 두 사람에게 같은 질문을 했다.

"당신의 경력 중에서 최고의 성과는 무엇입니까?"

A는 이력서에 기록한 대로 많은 경험 중에 프로젝트나 실적에서 1등 한 기록을 전면에 내세웠고, B는 대기업 브랜드를 발판 삼아 주위의 평판으로 자신을 포장했다. 두 사람 중 누가 채용되었을까? 그 기업에서 선택한 인물은 A였다. B의 대기업에서의 이력은 화려했지만 마땅히 성과라고 할 만한 구체적인 수치를 제시하지 못했다. 대기업이라는 현실에 안주해 기업의 후광 효과를 부각하는 데 그쳤을 뿐이다. 반면 A는 기간별·지역별로 자신이 맡았던 조직이 1등을 했던 경험을 조목조목 설명했다.

경력 사원은 이력서에 기록한 경력 사항이 채용의 잣대가 된다. 그러므로 이력서에는 구체적인 업무와 그로 인해 발생한 성과를 최대한 수치화하여 기재해야 한다. 자신의 시장 가치를 높일 수 있는 핵심적인 성공 요건이 바로 1등 경험인 것이다. 이보다 논리 정연한 커리어 플랜은 찾아보기 힘들다.

"당신은 인재 시장에서 어떤 위치에 있는가?"

이 질문에 아직도 제대로 대답하지 못한다면 당신의 커리어 관리에 문제가 있는 것이다. 직장인들은 이제 스스로를 객관적이고 냉철하게 시장의 논리로 자신을 하나의 상품으로 평가할 수 있어야 한다. 기업 입장에서는 당연히 평가할 때 기대치를 낮출 수밖에 없다. 그저 미래에 대한 청사진을 제시하거나 열심히 해보겠다는 말은 학교에서나 통하는 말이다. 그렇다고 무작정 자기 계발을 할 것이 아니라 1등 경험을 쌓기 위한 계획을 구체적으로 세워야 한다. 경력 사항에 반드시 1등 도장을 찍어야 한다. 기업이 원하는 인재는 바로 1등 경험형 인재다. 행복은 성적순이 아니지만 성공은 성과순이다. 불행하게도 자본주의 사회는 가진 돈으로 사람을 평가한다. 안타까운 현실이지만 전 세계적으로 통용되는 유일한 기준이기도 하다.

: 삼성 출신 임원 모셔가기 열풍의 근원

동부 그룹은 오래전부터 삼성 출신 인재를 영입하는 데 열을 올려 왔다. 임원뿐만 아니라 최고 경영자(CEO)급도 절반 가량이 삼성 출신이다. 동부 그룹뿐 아니라 많은 대기업들이 삼성 출신의 인재 영입을 두고 서로 치열하게 경쟁하고 있다. 삼성 출신들이 인기 있는 이유는 '1등도 해본 사람이 한다.' 는 지론과 더불어 글로벌한 실무 능력과 체계적인 조직 구성에 있다. 맛난 것도 먹어 본 사람이 잘

먹고 노는 것도 놀아 본 사람이 잘 논다는 배경에서다.

삼성은 GE의 인재 양성 프로그램인 크로턴빌(Crotonville)을 벤치마킹했다. GE의 전 회장 잭 웰치(Jack Welch)가 다른 어떤 분야보다 GE의 핵심 경쟁력으로 삼으려 했던 것이 바로 인재 양성이다. 잭 웰치는 "내가 GE를 맡았던 시간 중 75퍼센트는 핵심 인재를 찾고 배치하는 데 썼다."고 회고한다.

GE는 매년 직원들을 평가해 하위 10퍼센트는 가차 없이 해고시킨다. 오로지 1등 인재가 아니면 살아남기 어려운 시스템이다. 이러한 GE의 1등 인재 전략은 이미 중국의 대표적인 전자 기업인 하이얼(海爾)과 하이신(海信)에서도 채택하고 있다. 세계의 저가 공장으로만 인식되던 중국에서조차 핵심 인재를 찾고 있고 1등 경험에 목말라하고 있다. 이러한 1등 경험으로 무장한 1등 인재는 국경을 넘나들며 어디를 가도 대우를 받겠지만 역으로 인재로 평가받지 못하면 살 길이 막막하다.

경제 불황이 극심해지면서 모든 기업들이 더더욱 적자생존에서 살아남기 위해 1등 경험을 해본 인재 영입과 교육을 사운으로 걸고 있다. 선천적인 1등 인재는 없다. 그러나 누구든 노력하면 1등 경험을 많이 쌓을 수 있다. 세계 세라믹의 70퍼센트를 점유하고 있으며 일본에서 가장 존경받는 경영자인 교세라의 창업주인 이나모리 가즈오(稻盛和夫) 회장은 1등 인재가 갖추어야 할 자질로 가치관·태도·능력을 꼽았으며, 이들 세 가지의 합이 아닌 곱으로 결정된다고 했다. 이 세 가지 가운데 어느 하나라도 모자라면 다른 두 가지가 아무리 뛰어나더라도 인재라고 평가받기는 어렵다는 것이다.

이나모리 가즈오 회장의 주장은 상력하다.

"적당주의를 배제하고 매순간마다 열정으로, 진지하게 그리고 필사적으로 살아가라."

매순간 열정으로 몰입하고 필사적으로 최선을 다하는 것, 이것이야말로 1등 경험을 습관화하는 최선의 방법이다.

Chapter 3

1등의 프리미엄은
2등의 세 배

승리하면 조금 배울 수 있고 패배하면 모든 것을 배울 수 있다.
_ 크리스티 매슈슨(Christy Mathewson), 미국 야구 스타

: 1등 경험이 유능한 사람들을 불러 모은다

유리 천장의 벽을 뚫고 성공한 여성들의 경쟁력은 무엇일까?
외국계 기업의 여성 인사 담당자들의 모임인 LWHR(Leading Women In Human Resources)이 있다. 회원은 열다섯 명으로 마이크로소프트를 비롯하여 모두가 쟁쟁한 글로벌 기업의 임원으로 활동하거나 독립해서 사업을 하고 있다. 한 달에 한 번씩 정기적으로 만나 10년 동안 모임을 이어오고 있다. 그녀들은 이 모임의 최대 장점으로 너 나 할 것 없이 서로를 챙겨 주는 배려와 관심이라고 입을 모은다. 모임이 크게 성장하지 못한 것은 나름대로의 입회 조건이

까다롭고 모임을 만들었을 당시 한창 실무에서 왕성하게 활동하던 때라 후배들을 챙겨 줄 만큼 시간적 여유가 없었기 때문이라고 한다. 한 달에 한 번 만날 때는 주로 회사에서 인사 관련 업무의 새로운 흐름과 법규에 관련된 내용을 서로 공부하여 발 빠르게 업무에 적용했다. 무엇보다 분명한 것은 업계에서 인정받은 여성들의 모임이라는 것 자체가 시너지를 발휘했다는 것이다. 1등만이 누릴 수 있는 혜택이라 할 수 있을 것이다.

비슷한 예로 미국에는 '타이거 21'이라는 억만장자 투자 클럽이 있다. '21세기에 보다 좋은 결과를 위한 투자 그룹(The Investment Group for Enhanced Results in the 21st century)'이란 뜻의 타이거 21은 1999년 두 명의 기업가 출신 거부 마이클 소넨펠트(Michael Sonnenfeldt)와 리처드 라빈(Richard Lavin)이 만들었다. 가입 조건은 당장 투자에 쓸 수 있는 현금성 자산이 1,000만 달러가 넘어야 하고 반드시 자수성가한 사람이어야 한다. 하지만 타이거 21은 단순한 부자들만의 모임이 아니다. 서로의 삶을 공유하는 것이 목적이라고 말하는 이들은 부자들만의 사적인 문제까지 조언을 아끼지 않는다. 부자의 고민은 부자가 가장 잘 이해한다는 의미이다. 그러나 무엇보다 21세기는 돈이 돈을 벌고 사람이 사람을 불러 모으는 시대다. 그들은 유명 강사들을 초빙해서 강의를 듣지만 강의료는 전혀 없다고 한다. 그들과 인맥 네트워크를 가지기를 희망하는 사람들이 많기 때문이라고 한다.

1등은 고독하다는 말은 이제 옛말이 되었다. 기업도 마찬가지다. 1등끼리 손잡고 공동 마케팅을 펼치면 소비자들에게 차별화된 프리미엄 서비스와 비용 절감 효과도 가져온다. 일례로 LG전자는 베이징 올림픽 이후 중국이 프리미엄 시장으로 성숙할 것으로 보고 세계 최고 브랜드인 벤츠와 왕푸징(王府井) 거리에 있는 벤츠 전시장에서 'LG-벤츠 중국 현대 예술 전시회'를 열기도 했다. 요즘은 1등 주변에 사람과 자본이 모인다.

: 1등 기업의 주식을 사야 1등 부자가 될 수 있다

요즘 주식 시장이 한 치 앞을 내다볼 수 없을 정도로 예측 불허다. 충분히 떨어졌다는 인식이 있는 반면 아직도 추가 하락의 공포가 시장을 짓누르고 있다. 그런데 제1의 IMF 시절 종자돈 1억 원으로 1년 10개월 만에 156억 원을 벌어들인 투자의 귀재가 있다. 그는 바로 에셋플러스 투자 자문의 강방천(姜芳千) 회장이다. 『강방천과 함께하는 가치 투자』란 저서도 유명한데 그는 상식에 근거한 가치 투자를 투자 철학으로 삼고 있다. 에셋플러스는 국민연금 운용 수익률 1위를 달려 2005년과 2006년 국민연금 우수 운용사로 선정되기도 했다.

지금의 시장 상황은 20년 경력의 투자 전문가들조차 두렵다고 할 정도다. 그런데 역설적으로 가장 위험할 때가 가장 큰 수익을 안겨준다. 오히려 강방천 회장은 여윳돈과 인내심만 있다면 지금이 펀드 투자 적기라고 주장한다. 그렇다면 지금 이 시점에 투자를 해야 한다면 어떤 주식을 사야 할까?

"시장이 항상 공포일 때 눈을 뜨면 기회이다. 지금과 같은 시기에는 반드시 여유 자금으로 주식을 사들여라. 그리고 이때는 시장의 구조 조정을 즐기는 1등 기업에 투자해라."

강방천 회장의 주장은 간단 명료하다. 바로 시장 지배적 위치에 있는 1등 기업에 투자하라는 것이다. 그리고 만약 1등 기업에 투자하지 않을 것이라면 아예 주식 시장을 떠나는 것이 좋다고 말한다. 그 역시 한 번 크게 실패한 적이 있는데 2000~2001년, 개인 돈 40억을 코스닥에 투자했다가 모두 날렸다. 그때 깨달은 것이 바로 1등 기업의 주식을 사라는 교훈이었다.

강방천 회장은 마치 DNA에 각인된 것처럼 1등 기업에 투자하라며 그 이유로 소득에 탄력적인 기업, 경기의 부침에 비탄력적인 기업, 극도의 불황 속에서도 마지막까지 살아남을 기업이 1등 기업이라고 제시했다. 강방천 회장의 자산 운용사가 운영하는 국내 펀드, 중국 펀드, 글로벌 펀드는 모조리 각 지역의 1등 기업이 투자하고 있을 정도다.

게다가 앞으로 한미 FTA가 체결되면 한국 시장만의 특수성과 보편성이 사라지면서 글로벌 시장의 강자들과 경쟁해야 한다. 증시 전문가들은 한미 FTA 타결로 종목별 차별화를 넘어 양극화 시대로 접어들 것으로 예상하고 있다. 글로벌 경쟁력을 갖추지 못한 기업은 도태되고 1등 기업과 2등 기업 간의 차이도 극명하게 벌어질 것이란 전망이다.

단적인 예로 인터넷 포털 업계 1위와 2위를 달리고 있는 네이버와 다음의 주가를 보자. NHN은 2006년 7월 18일 종가 기준으로 두 회사 간의 격차는 5만 3,850원이었지만 2007년 7월 13일에는 9만 7,600원까지 벌어졌고, 2008년에는 17만 4,400원까지 차이가 났다. 불과 2년도 되지 않았지만 주가는 3배 이상 격차가 벌어졌다.

단언하건대 시장이 좋을 때나 나쁠 때나 업종 내 1등 주식을 사는 것이 가장 확실한 방법이다.

: **친구 따라 강남 가는 밴드왜건 효과**

우리나라 사람들은 개인이 주체적으로 생각하고 행동하는 부분이 부족하다. 그래서 '친구 따라 강남 가는 식'의 의사 결정을 내린다. 이른바 밴드왜건 효과(Bandwagon effect)다. 밴드왜건은 원래 서부 영화에 나오는 역마차 행렬에서 그 선두에 서서 행렬을 선도하는 악대차를 일컫는다. 밴드왜건 효과는 많은 사람들이 특정 상품이나 서비스를 이용하면 이에 편승하여 더 많은 사람들이 그 상품이나 서비스를 구매하거나 소비하는 현상을 말한다. 국민의 4분의 1 이상이 〈괴물〉이나 〈왕의 남자〉와 같은 동일한 영화를 보고 자신의 안목으로 책을 고르기보다 베스트셀러를 선택하는 것도 바로 밴드왜건 효과 때문이다. 밴드왜건 효과가 바람직하지 않은 것은 아니지만 심각할 때는 문제가 된다.

대표적인 것인 한때 붐이었던 미래에셋 따라하기 전략이다. 미래에셋 자산 운용이 총 발행 주식의 5퍼센트 이상 취득한 종목을 공시하면 뒤따라 사들이는 전략이다.

이와 비슷한 예로 미 연방 준비 제도 이사회(FRB) 의장이었던 앨런 그린스펀(Alan Greenspan)의 말 한마디에 주가에 출렁이는 현상을 그린스펀 효과라고 한다. 그런데 이에 빗대어 타이거 우즈가 대회에 출전하면 하락장에서도 다우 지수가 상승하고 출전하지 않으면 대부분 주가가 하락세를 보인다고 해서 우즈 효과도 생겨났다. 1등은 1등 스스로에게도 기회와 부를 가져다주지만 이렇게 보이지 않는 1등의 영향력을 행사한다.

영국의 항공학자 F. W. 랜체스터(Frederick William Lanchester)는 세계 1, 2차 대전을 분석해 전력 차이가 있는 양자가 전투를 벌이면 본래 전력 차이의 제곱만큼 그 차이가 커진다는 것을 발견하고 '랜체스터 법칙'이라고 명명했다. 지금도 미 육군 전략의 기본 토대가 되고 있다. 이후 랜체스터 법칙은 마케팅으로 활용되어 강자와 싸워 이기는 약자의 전략 교과서로 통한다.

랜체스터 마케팅 전략을 보면 강자와 싸워 이기는 약자의 이기는 법칙인 '3배의 법칙'이라는 것이 있다. 이는 2등은 3배의 노력을 기울여야만 겨우 1등과 비슷해진다는 것이다.

Chapter 4

실패할지라도
1등에 도전하라

콜럼버스의 가장 위대한 업적은 새로운 대륙을 찾아낸 것이 아니라 그 목적지를 향해 닻을 올렸다는 것이다.

_ 빅토르 위고(Victor Marie Hugo), 프랑스 대문호

: 1등의 자리는 바뀌지만 1등 경험은 영원하다

1등은 바뀌지만 1호는 영원하다는 말이 있다. 심리적으로 사람들은 첫 번째 것은 오래도록 기억하는 습성이 있다. 마케팅사에서 불후의 명작으로 꼽히는 알 리스&잭 트라우트의 저서 『마케팅 불변의 법칙』 중 선도자(The Law of Leadership)의 법칙은 더 좋은 것을 찾기보다는 맨 처음의 것이 낫다는 말로 사람들은 실체는 아랑곳하지 않고 맨 먼저 기억하게 된 최초의 제품을 가장 우수하다고 인식하는 경향을 일컫는다.

마찬가지로 미국 프로야구 메이저리그에 진출한 최초의 한국인

선수는 박찬호(朴贊浩)이다. 그렇다면 메이저리그에 두 번째로 진출한 선수는 누구일까? 바로 보스턴 레드삭스에 입단했던 조진호이다. 그러나 이 사실은 야구의 광팬이 아니고선 아무도 기억하지 못한다. 지금까지도 박찬호는 실력 저하로 이 팀 저 팀을 맴돌고 있지만 선도자였기 때문에 그만큼 관심이 크고 현재까지도 조명을 받고 있다.

또 다른 일례로 '박카스'를 위협하며 새롭게 등장한 '비타 500'이 히트를 치자 너도 나도 따라하기에 바빴다. 그러나 어떤 제품도 비타 500을 뛰어넘지는 못했다. 이러한 경우는 비일비재하다.

이처럼 선도자들의 장점으로 해당 제품명이 상품군을 대표하는 이름으로 각인되어 엄청난 브랜드 상승 효과를 가져오기도 한다. 우리가 알고 있는 미원, 스카치테이프, 프림, 크리넥스 등이 그렇다. 외국에서도 동사 '복사하다'가 제록스(Xerox)란 단어로 인식되어 있을 정도다.

한때 펀드가 대세였던 시절 펀드 하면 당연히 미래에셋이란 회사를 떠올렸다. 그 당시 미래에셋의 경쟁력은 적립식 펀드, 부동산 펀드, 랩어카운트(Wrap Account), 해외 펀드 등 선도적인 상품 개발에서 나왔다. 미래에셋은 당연히 수익률도 신경 쓰지만 그것은 눈에 보이는 2차적인 부분이고 무엇보다 금융 투자 시장의 선도자로서 인식되길 바랐다. 그것은 마치 마이크로소프트가 표준화 전략을 채택해 주도권을 움켜쥐는 것과 같은 포지셔닝이었다.

: 새로운 영역을 개척하라

개인의 자기 계발 분야에서도 이는 똑같이 적용된다. 이미 강력한 경쟁자가 1호로서 1등을 달리고 있다면 전혀 다른 새로운 영역을 개발할 필요가 있다. 자신이 1호가 될 수 있는 분야를 선별해서 집중 공략하는 것이다.

예를 들어 A라는 곳을 가장 먼저 정복한 사람이 있다면 앞서 말한 대로 2등은 큰 의미가 없다. 하지만 새롭게 인식할 수 있는 의미를 부여하면 된다. 예를 들어 '최초의 여성'이라는 타이틀을 부여하면 사람들은 2등에게도 관심을 갖는다. 이는 어느 영역에 최초로 들어간 사람이 될 수 없다면 최초로 뛰어들 새로운 영역을 개척하라는 영역의 법칙이다. 여성 최초로 A를 정복한 사람이 되면 관심과 흥미를 유발시킬 수 있다. 선도자의 법칙과 영역의 법칙이 소비자들에게 품질보다 인식의 문제인 것이다.

빠르게 변화하고 다양한 소비자의 요구가 반영되는 시대이기 때문에 니치 마켓(Niche Market)은 지속적으로 생성된다. 게다가 1호라는 것이 발명과 같은 수준의 엄청난 기술과 역량을 요구하는 것도 아니다. 새로운 컨셉트로 기존의 것을 다시 바라보는 관찰만으로도 1호의 주인공이 될 수 있다. 다만 누가 먼저 발견하고 실행하느냐가 사활의 관건이다.

메가스터디의 손주은(孫主恩) 대표는 어느 날 집에서 케이블 TV

의 홈쇼핑을 보다가 메가스터디의 사업 가능성을 감지했다고 한다. 사교육 시장의 새롭고 무한한 가능성을 깨달은 것이다. 백화점을 집으로 옮겨놓은 것이 홈쇼핑인 것처럼 학원도 집으로 배달하면 된다고 생각한 것이다. 결국 그의 생각은 적중했고 엄청난 자산가의 반열에 올랐다.

요즘 한국 경제는 가격에서는 중국에 밀리고 기술에서는 일본에 밀리면서 샌드위치 상황을 맞고 있다. 일본의 저명한 경제 연구소인 노무라(野村) 종합 연구소는 이러한 샌드위치 상황을 네 가지로 구체화시켜 해법을 제시했다. 한국 경제는 기술 장벽과 이익 장벽, 시장 지배, 첨단 산업 등 네 가지 샌드위치에 놓여 있으며 그 해법은 사업별로 타파 방식을 다양하게 접근해야 한다는 것이다. 과거와 같은 신속한 추격자(Fast Follower), 즉 재빠른 2등 전략은 창조 경영 시대에는 통하지 않게 된 셈이다.

블루오션 및 창조 경영이 시대의 화두로 등장한 이유도 이와 무관치 않다. 궁극적으로 해법은 하나이다. 1등을 이길 수 있는 기술 개발을 하되 초기에는 정면 승부보다는 영역의 법칙과 창조 경영으로 하나씩 타개해 나가야 한다. 삼성도 반도체 분야 중 메모리 D램 분야에서 1등을 차지하며 TV, LCD 분야로 확대해 나갔다. 작은 영역에서 확실한 시장 지배자가 되어 큰 영역으로 진출을 모색한 것이다. 새로운 것, 새로운 분야를 창조해서 1등을 하는 길만이 생존의 목표이자 수단이다.

: 소비자는 고품질보다 고품격을 원한다

사람들이 1호에 목을 매는 이유는 무엇일까?

소위 블라인드 테스트라는 것이 있다. 상표를 숨기고 식음료를 마시게 한 다음 그 상표를 식별시키는 방법을 일컫는데, 후각으로 하는 향수의 판별, 만져서 섬유 제품의 촉각을 느끼게 하는 방법 등 다양한 분야에서 응용되고 있다.

얼마 전 한 여대에서 차를 대상으로 블라인드 테스트를 했다. 그런데 뜻밖의 결과가 나왔다. 현재 시장 점유율 1등 업체의 차가 맛과 향에서 가장 낮은 점수를 받은 것이다. 이 테스트는 표본수가 크지 않았지만 소비자들의 생생한 반응을 읽어 냈다는 점에서 의미가 컸다.

그러나 만약 이 자료를 믿고 후발주자들이 마케팅 전략을 짠다면 실패할 가능성이 농후하다. 왜냐하면 블라인드 테스트 자체가 본질적으로 문제가 있기 때문이다. 눈을 뜨고 하는 경우도 있지만 대개는 눈을 가리고 하는 경우가 많다. 그러다 보니 실제 상황과 동떨어진 상태에서 실험의 결과가 유추되고 이는 사람들이 상품을 소비할 때 오감을 이용하고 품질보다 품격을 중시하는 시대에서는 본질적으로 문제점을 안고 있을 수밖에 없는 것이다.

그래서 후발업체들은 자사 제품이 더 품질이 낫다고 부각시켜 1등을 이기려고 한다. 펩시콜라도 코카콜라와의 비교 테스트에서 맛의 우위를 선점한 후 광고를 통한 정면 승부를 펼쳤지만 결과는 참패였다. 소비자들은 코카콜라의 브랜드에 손을 들어주었다. '2008 브랜드 톱 100' 랭킹에 따르면 코카콜라는 4위, 펩시콜라는 39였다.

　위의 경우처럼 블라인드 테스트 결과가 실제 시장 점유율과 차이가 난다는 것은 시사하는 바가 크다. 소비자는 단순히 내용물의 맛과 향에만 의존해서 구매하는 것이 아니라 브랜드, 패키지 디자인, 마케팅 등에 의해 구매할 수 있다는 것을 뜻하기도 한다. 또한 내용물에서는 드러나지 않은 건강이나 다이어트 효과 등도 구매 우선순위에 있을 수 있다.

　따라서 일반 소비자를 대상으로 하는 경우 품질에 연연해서 100점 만점에 100점짜리를 만드는 우를 범하지 말고 품질은 일정 수준 이상만 만족시키고 고객의 품격을 높여 줄 수 있는 방안을 마련해야 한다.

　품질만으로는 1호가 갖는 상징성을 뒷받침해 주지는 못한다. 펩시콜라가 코카콜라보다 더 맛있다고 느끼는 소비자들이 있듯이 품질은 후발주자가 더 나을 수도 있다. 하지만 1호로 인식된 품격은 쉽게 바뀌지 않는다. 품격에는 디자인, 브랜드 가치, 개성처럼 다양한 요소들이 숨어 있다. 1호를 선점하는 중요성과 더불어 거기에 맞는 품격을 개발해야 지속적인 시장 지배력을 유지할 수 있다.

Chapter 5

1등 경험의
도미노 효과

성공한 사람은 더욱더 성공하려는 경향이 있다. 항상 한 번 맛본 성공을 생각하기 때문이다.
_ 브라이언 트레이시(Brian Tracy), 미국 컨설턴트

: 무엇이 서울대가 한국 사회를 주름잡게 만드는가

공부든 일이든 과정이 험난해서 그렇지 일단 일정 궤도에 오르면 그 이치를 터득하게 되어 일정한 능력을 유지하기란 어려운 일이 아니다.

이어령(李御寧) 국문학 박사는 서울대학교 논술 시험이 30년간 글을 쓴 자신에게도 벅차다며 서울대 그들만의 논술 잔치를 비판한 적이 있다. 이어령 박사가 특정 대학의 논술 시험에 비판을 가한 것은 서울대가 갖는 상징성 때문이다. 서울대가 한국을 대표하는 소위 '주류'라 불리며 한국 사회를 이끌고 있기 때문이다. 서울대생이라는 꼬리표는

여전히 한국 사회에서 성공 보증수표로 통하고 있다.

2007 코스닥 상장 법인 경영 인명록 분석 결과 CEO 1,206명의 출신 대학을 보니 서울대 19.3퍼센트, 연세대 9.8퍼센트, 한양대 9.3퍼센트, 고려대 6.8퍼센트, 성균관대 3.7퍼센트, 중앙대 3.4퍼센트 순이었다.

또한 중앙일보와 리서치앤리서치가 공동으로 실시한 '2006년 대학 평가'에서도 서울대가 졸업생과 학교의 평판만을 묻는 설문 조사에서 1위를 차지했으며 매년 사법시험, 행정고시, 외무고시 합격자를 가장 많이 배출했다.

보통 사회에 진출하면 한국의 대학이란 곳에서 배운 학문은 무용지물이 되기 십상이다. 그래서 각 기업들은 대학이 좀 더 실무적인 교육을 습득시켜 사회에 배출해 줄 것을 요구하기도 하며 대학 졸업자들은 전공과 무관한 곳에 취업해서 새롭게 배우기 위해 애쓴다. 이러한 의미에서 본다면 서울대 학벌이라는 이유만으로는 그들의 성공을 단정지어 말하기 어렵다. 그렇다면 서울대 출신들은 어떻게 사람들이 선망하는 한국 사회의 주류로 떠오를 수 있었을까?

주식 시장인 거래소와는 달리 아이디어와 도전 정신이 부를 창출하는 코스닥 시장에서도 서울대의 두각은 단연 남다르다. 이들의 코스닥에서의 성공은 단지 학연이나 지연만으로 해석되지 않는다. 무수한 사내 벤처 중에서도 포털의 성공 신화를 이끈 네이버의 이해진 사장, 온라인 게임이라는 새로운 분야를 개척한 엔씨소프트의 김택진 사장, 사교육 절감을 내세워 온·오프라인 학원가를 평정한 메가스터디의 손주은 사장은 모두 서울대 출신이지만 그들의 배경이 훌륭했던 것은 아니다. 서울대라는 간판이 그들을 키운 것이 아니라 반에서 1등 혹은 전교 1등을 해본 자부심과 추진력이 성공으로 이끈 것이다. 서울대 출신들은 이처럼 1등 경험을 갖고 있고 1등 경험은 나중에 어떤 일을 하든 목표에 집중해 성과를 내고 스스로 자신감을 불어넣는다. 1등을 한 번이라도 경험해 본 사람만이 1등의 좋은 점을 알고 또 1등을 하기 위해 노력하는 법이다.

: 1등의 뇌는 1등의 길을 기억하고 있다

학교에서의 1등이 사회에서의 성공을 보장해 주지 않는다. 하지만 개인에게는 더할 수 없는 자부심과 추진력을 갖게 해 주어 사회에서 어떤 일을 맡았을 때 확실한 성과를 낼 확률도 높다. 이것은 뇌가 1등으로 가는 길을 기억하고 있기 때문이다. 술에 만취해서 필름이 끊겼는 데도 용케 집을 잘 찾아가는 회귀 본능과도 비슷하다. 이러한 1등 회귀 본능은 인간의 뇌에 있는 신경 세포의 역할 때문이다.

이와 관련하여 미국·러시아·일본 등의 학자들로 구성된 공동 연구팀은 학술 단체인 미국 과학 아카데미 웹사이트에 어떤 일의 순서를 기억하는 뇌신경 세포(뉴런)가 따로 존재한다는 연구 결과를 발표했다. 이는 뇌가 학습을 받아들이는 과정, 뇌의 구조에 순행하는 학습 방법과 연관이 있기 때문이다.

매년 미국 사회에서 두각을 나타낸 아시아 출신 미국인들을 대상으로 하는 수여하는 '파이어니어상(Pioneer Award Honoree)'을 수상한 미국 태권도계의 대부 이준구 사범. 그는 명망 있는 제자들 덕분에 더욱 유명해졌다. 조지 부시(George Bush) 대통령, 콜린 파월(Colin Powell) 전 국무장관, 캘리포니아 주지사 아널드 슈워제네거(Arnold Schwarzenegger), 밥 리빙스턴(Bob Livingston) 하원 의장 등이 그의 수제자들이다.

그는 칠십이 넘은 나이에도 끊임없는 트레이닝으로 몸 관리를 하고 있다. 30대부터 시작해 거의 매일 빠짐없이 두 시간씩 운동을 하며 하루에 1,000회 이상 팔굽혀 펴기를 한다. 그런 그에게 어느 기자가 힘들지 않느냐고 물었다.

"규칙적인 반복이 습관이 되고, 습관이 되어야 기술이 됩니다. 반복해야 세포가 기억을 하지요. 좋은 습관, 좋은 기술이란 세포가 기억하는 것입니다."

뇌와 세포는 1등 경험을 기억하고 있다. 그리고 그 1등 경험은 개인과 회사에게 무한한 자부심과 추진력을 가져다준다. 서울대 출신들이 한국 사회를 이끄는 이치도 바로 이러한 1등 경험에서 나온 자부심과 추진력 덕분이다.

마산에는 랜드마크로 통하는 육일약국이 있다. 4.5평의 초소형 약국이지만 자신만의 독특한 철학으로 약국 비즈니스에 성공하여 메가스터디 초·중·등 사업부의 최고 책임자 자리까지 오른 김성오 사장이 있다.

4.5평 작은 약국의 매출 200배 성장의 비밀을 다음과 같이 말한다.

"6학년이 되자 학교에서 붓글씨 대회가 열렸다. 내게는 붓글씨라면 근 1년을 매일같이 갈고 닦은 실력이 있었다. 나는 자신 있게 응시하여 전교 1등의 영광을 안았다. 이를 바탕으로 마산시 전체 학예 발표에서도 서예 부문 1등을 차지했다. 나는 그때야 비로소 그동안 귀찮게만 여겨 왔던 붓글씨 공부의 참 맛을 알았다."

김성오 사장이 600만 원의 빚으로 4.5평의 약국에서 시작해 메가스터디 공동 CEO에 오른 것은 이런 작은 1등 경험들이 녹아나 1등의 참맛을 깨닫고 1등의 길을 기억하고 있었기 때문이다.

스포츠 심리학자들에 의하면 훌륭한 선수와 그렇지 않은 선수를 구분하는 기준으로 실패했을 때의 반응으로 알 수 있다고 한다. 보통 실패했을 때 자책을 심하게 하거나 비관적인 태도는 다음 경기에 나쁜 영향을 미칠 수 있다. 오히려 그런 때일수록 과거의 성공한 모습을 의식적으로 떠올리는 것이 훨씬 도움이 된다는 것이다.

작고 사소한 것이지만 자신이 과거에 경험했던 1등의 기억을 끄집어 내라. 학교 글짓기 대회에서 1등을 했거나 동네에서 있었던 노래 자랑 대회에서의 소소한 1등 또한 소중한 경험이다. 이것은 개인의 역사에서 아주 훌륭한 자산이 될 수 있다. 특히 씨앗을 뿌리는 20대에는 1등 경험을 쌓는 것에 몰입해야 할 시기다.

: 1등 경험의 연쇄 효과

최근 시사 주간지 「비즈니스 위크」는 '삼성은 어떻게 세계 TV 1위의 자리에 올랐나?'라는 제목의 기사를 실으며 그에 대한 답으로 삼성전자의 재고 관리 시스템과 부품 표준화를 제시했다. 그 밖에 경쟁사의 두 배에 달하는 다양한 제품을 내놓는 생산 속도, 극도의 단순함을 추구하는 디자인 등도 경쟁력이라고 평가했다. 그러면서 델·도시바·HP 등도 곧 삼성의 도전을 받게 될 것이라는 경고를 덧붙였다.

세계 반도체 업계는 황의 법칙(Hwang's Law)이 지배하고 있다. 황의 법칙이란 황창규 삼성전자 반도체 총괄사장이 2002년 국제 반도체 학술회의 기조 연설에서 "반도체 집적도는 1년에 두 배씩 증가하며 그 성장을 주도하는 것은 모바일 기기와 디지털 가전 등 이른바 비(非)PC"라고 주장한 것을 말한다.

이것은 인텔의 창업자인 고든 무어가 주장한 "반도체의 집적도가 18개월마다 두 배씩 증가하며 이를 주도하는 것은 PC이다."라는 무어의 법칙(Moore's Law)을 대체하는 것으로도 유명하다.

삼성이 세계 반도체 표준을 이끌 수 있는 원동력은 메모리 반도체 세계 1위를 20년 가까이 해오며 업계를 리드하고 있기 때문이다. 삼성은 반도체 신화에서 이룬 성과를 바탕으로 세계 1등 제품을 쏟아 내기 시작했다. TV 하면 소니라는 등식을 깨뜨리며 TV도 삼성이 세계 1위를 달리고 있으며 「비즈니스 위크」가 전망한 것처럼 프린터

와 노트북, PC에 있어서도 곧 세계 1등과 경합할 것으로 예상하고 있다.

이는 삼성의 반도체 부문에서 축적된 기술적·조직적 역량이 다른 부문의 경쟁력에도 크게 기여했기 때문이다. 게다가 삼성 신화는 더 나아가 경쟁 관계에 있던 다른 대기업들에게도 연쇄 작용을 일으키며 우리도 세계 1등이 될 수 있다는 자극제가 되었다. 1등은 개인의 역량에도 연쇄 작용을 불러온다. 1등 경험은 나머지 영역으로 확대되며 도미노 효과를 몰고 온다.

지금은 정치계로 진출한 고승덕은 과거에는 변호사와 교수라는 여러 타이틀을 가지고 있었고 2003년에는 펀드매니저 자격증까지 취득해 증권업계에까지 진출했다. 그가 이렇게 다양한 분야에서 두각을 나타낼 수 있었던 것도 서울대 법대 재학 중에 최연소로 사법시험에 합격한 것을 시작으로 행정고등고시를 수석으로, 외무고등고시를 차석으로 합격한 것이 영향을 미쳤기 때문이다. 1등도 해본 사람만이 그 성과의 희열과 맛을 아는 법이다.

이렇듯 한 분야에서의 1등 경험은 다양한 분야에서 자신의 무한한 잠재 능력을 일깨우는 자극이 된다. 무엇에 매진해서 성취감을 느꼈다면 그것은 나만의 노하우가 되고 단점들도 극복할 수 있는 엄청난 시너지 효과를 낳는다. 왜 1등 경험이 한 번쯤 삶에서 절실히 필요한지 알 수 있는 대목이다.

Part 02

불황을 건너는 지혜,
자기경영으로
승부하라

Chapter 1
즐겁게 일하는 사람은 굶주리지 않는다

비록 굶주린다 하더라도 당신이 가장 사랑하는 일을 하라. 일을 위하여 일하라. 그러면 명예와 돈이 당신을 따라올 것이다.

_ K 콕스

: 지금도 늦지 않았다

"어떻게 560억 원을 벌 수 있었느냐?"는 질문에 스와치 그룹의 마케팅 담당 장클로드 비버(Jean Claude Biver) 부회장은 이렇게 대답했다.

"먼저 자신이 좋아하는 일을 직업으로 가져야 합니다. 저는 어릴 때부터 광적으로 시계를 좋아했습니다. 그래서 취미로 모으기도 하고, 시계를 직접 분해해 보기도 했지요. 이렇게 취미를 직업으로 하다 보니 20년 동안 그렇게 즐거울 수 없었습니다."

20세기에 게으른 베짱이는 '노세 노세 젊어서 노세'의 악역으로 등장했다. 일도 하지 않고 놀기만 하다가 인생 후반전을 망치는 이야기 말이다. 그런데 21세기에는 역전된다. 부지런한 개미는 업무 과다로 병원 신세를 지고 게으른 베짱이는 자신의 엔터테이너 기질을 살려 음반을 발매하여 큰 부자가 된다는 것이 21세기식 개미와 베짱이 이야기다.

2008년에 국내에서 가장 사랑받은 작가는 단연 파울로 코엘료(Paulo Coelho)이다. 빌 클린턴이 1998년 르윈스키 스캔들로 시달릴 때 "휴가를 떠나 코엘료의 소설을 쌓아 놓고 실컷 읽고 싶다."고 했고, 노벨 문학상을 받은 오에 겐자부로(大江健三郞)가 "코엘료는 문학 연금술의 비밀을 알고 있다."고 극찬하기도 한 코엘료의 소설들은 전 세계 160개국에서 번역되어 1억 권이 넘게 팔렸으며 한국에서도 250만 부가 팔렸다. 하지만 그는 명성에 비해 소설 경력이 길지 않다. 그는 불혹이 지나 소설가가 되었다.

코엘료는 세계적인 음반사 폴리그램(Polygram)의 임원이었다. 남부러울 것 없는 사회적 지위에도 어느 날 갑자기 사표를 던지고 스페인 '산티아고의 길'로 순례를 떠났다. 다음 해 그 순례의 경험을 살려 첫 작품 『순례자』를 출간한다. 이후 내놓는 책마다 세계적 베스트셀러가 되며 1999년에는 프랑스 최고 훈장 '레지옹 도뇌르(Légion of Honor)'를 받기도 했다.

"불혹의 나이에 안정된 삶을 버리고 작가가 된 계기가 있나?"

어느 기자의 질문에 그는 이렇게 답했다.

"행복하지 않았기 때문이다. 당시 나는 돈·명예 사람들이 부러워하는 모든 걸 가졌었지만 괴로웠다. 내 꿈은 대기업 임원이 아니었다. 나는 어릴 적부터 작가가 되고 싶었다. 단지 모른 척 미뤄 왔을 뿐이다. 우리가 무언가를 간절히 바라면 우주 전체가 그 꿈을 이루도록 돕는다. 하지만 먼저 위험을 감수하고 첫발을 내디뎌야 한다."

: 일이 즐거우면 인생은 낙원이고, 일이 의무이면 인생은 지옥이다

심리학자인 웨인 다이어(Wayne Dyer)는 자신의 임상 치료 경험을 바탕으로 개인이 행복해지는 방법을 구체적으로 제시했는데 저서 『행복한 이기주의자(Your erroneous zones)』에서 행복한 사람이야말로 진정 똑똑한 사람이라며, 철저히 행복 추구형 인간이 될 것을 강조하고 있다.

스스로를 사랑하는 법을 알게 되면 자신이 좋아하고 잘하는 일에 많은 비중을 두게 된다. 세상이 원하는 것과 유행을 따르다 보면 나를 잃는 경우가 많다. 가족과 돈 그리고 체면을 나의 뒤에 놓자. 행복한 이기주의자가 결코 이기주의자가 아니다.

산을 가장 잘 타는 사람은 누구일까? 에베레스트와 같은 험준한 산악을 등반하는 사람일까? 아니다. 산을 가장 잘 타는 사람은 산에 오르는 것을 즐기는 사람이다. 마찬가지로 기업의 성공 여부를 결정짓는 가장 큰 요소는 무엇일까? 획기적인 상품 개발, 공격적 마케팅,

신사업 발굴, 훌륭한 인재 보유 등이 있을 수 있겠지만 놀랍게도 기업의 성공 여부는 비경제적인 요소인 직원들의 업무 몰입도와 심리적 헌신에 기인한다고 한다. 몰입도는 생산성과 바로 연관되는데 미국에서는 한 해 3,000억 달러, 독일에서는 900억 유로가 직원들의 낮은 몰입도로 인해 손실을 본다고 한다. 이것은 개인과 기업 모두 자신이 좋아하는 것을 하지 않기 때문에 일어나는 일들이다. 강렬한 끌림이 없다면 그 어떤 인센티브나 훌륭한 복지 정책으로도 만족할 수 없다.

중요한 것은 내가 무엇을 좋아하고 잘하는지에 대한 진지한 성찰이다. 자, 자신의 성장 과정을 사소한 것에서부터 기억에 남는 사건까지 되새겨 보자. 좋아하는 직업을 찾는 열쇠는 그 안에 있다. 백지 위에 좋아하는 것과 싫어하는 것을 적어 보고 잘하는 것과 못하는 것을 기록해 보자. 개인의 호불호(好不好)가 명확히 갈릴 것이다.

논어에 "아는 것은 좋아하는 것보다 못하고, 좋아하는 것은 즐기는 것보다 못하다.(知之者不如好之者, 好之者不如樂之者)"는 구절이 있다. 무릇 1등 경험은 스스로 좋아하고 즐기는 것에서 시작된다. 종종 직업으로 삼은 전문가보다 취미로 즐기는 사람의 능력이 더 뛰어난 경우도 그러한 이유에서다.

젊은이들의 아이콘으로 통하는 애플의 CEO 스티븐 잡스(Steven Jobs)가 스탠퍼드 대학교에서 졸업생들에게 "내일 죽는다고 해도 오늘 하기 싫은 일을 할 것인가?"라고 연설한 내용이 세계적으로 큰 반향을 일으켰다.

내가 좋아하는 것	내가 싫어하는 것
1.	
2.	
3.	
4.	
5.	

내가 잘하는 것	내가 못하는 것
1.	
2.	
3.	
4.	
5.	

"노동은 인생의 대부분을 차지합니다. 그런 거대한 시간 속에서 진정한 기쁨을 누릴 수 있는 방법은 스스로 위대한 일을 하고 있다고 자부하는 것입니다. 자신의 일을 위대하다고 자부할 수 있을 때는 진정으로 좋아하는 일을 하고 있는 그 순간뿐입니다. 비록 지금 찾지 못했거나 잘 모르겠다고 해도 주저앉지 말고 포기하지 마세요. 전심을 다하면 반드시 찾을 수 있습니다. 일단 한 번 찾고 나면 서로 사랑하는 연인들처럼 시간이 가면 갈수록 더욱 깊어질 것입니다. 그러니 그것들을 찾아낼 때까지 포기하지 마세요. 현실에 주저앉지 마세요."

그러면서 스티브 잡스는 호기심과 직관에 따라 움직일 것을 권

유했다. 이러한 많은 경험들이 나중에 값을 매길 수 없을 만큼 귀중한 자산이 된다며 매킨토시 컴퓨터를 개발할 때 서체에 관심을 가졌던 과거의 경험이 큰 자산이 되었다고 평가했다.

국내뿐만 아니라 세상 사람들이 정작 자신이 좋아하고 사랑하는 일을 하고 있지 못하다는 반증일 것이다. 나의 가치는 타인에 의해 평가될 수 없다. 내가 소중한 이유는 나를 믿고 나를 사랑하기 때문이다. 타인에게 의지하여 나의 가치를 구하려 든다면 그것은 다른 사람의 가치가 될 뿐이다. 남의 삶을 베끼려 하지 말고 지금 이 순간 당신을 가슴 뛰게 하는 일을 하라.

: 내가 좋아하는 것, 내가 잘하는 것을 하자

SK텔레콤의 '되고송' 등으로 유명한 외국계 광고 회사 TBWA 코리아는 단기간에 업계 3위로 급성장했다. 이들은 까다로운 광고주 입맛을 맞추기 위해 밤샘 작업도 마다하지 않는다. 경쟁사보다 업무량이 많다 보니 스트레스의 강도도 세다. 이에 대해 TBWA 강철중 대표는 이렇게 말한다.

"직장 일로 쌓인 스트레스는 일로 푸는 방법밖에 없습니다."

직장 생활은 롤러코스터를 타는 것처럼 일과 스트레스가 반복되므로 일에서 재미를 찾아 스트레스를 해소하라고 조언한 것이다.

대부분의 일들은 What(무엇을)과 How(어떻게), Why(왜)로 이루어져 있다. 바쁜 현대인들은 습관처럼 What(무엇을)과 How(어떻게)에는 충실하게 대답한다. 그러나 정작 이 일을 'Why(왜)' 해야 하는지에 대한 궁극적인 답을 하지 못한다. 만약 당신이 질문에 답하지 못한다면 스트레스를 일로 풀 수 없을 뿐만 아니라 일과 인생의 만족도가 급격히 떨어질 것이다.

학습 컨설턴트에게 어떤 학생이 공부를 잘하냐고 물으면 공부를 해야 하는 명확한 이유를 찾을 수 있는 학생이 공부를 잘한다고 말한다. 마찬가지로 일을 하면서 스트레스가 없기를 바라거나 한가롭게 스트레스 타령이나 하는 것은 모두 Why(왜)에 대한 결여 때문이다. 정작 우리는 답이 없는 문제를 풀고 있는 것은 아닌지 고민해 볼 일이다. '무엇을(What)'과 '어떻게(How)'만으론 우리의 미래는 뻔하고 성장하는 데 한계가 있다. 끊임없이 내가 왜(Why) 이 일을 해야 하는지 스스로에게 질문을 던지자.

: **무형 자산에 주목하라**

최근 '와이프로거(Wifelogger)'의 활동이 눈에 띈다. 와이프로거란 와이프(Wife)와 블로거(Blogger)의 합성어로 주부 블로거 스타를 의미한다.

LG 경제연구원 리포트에도 대표적인 사례로 소개된 어느 와이프로거는 자신이 직접 요리하는 과정을 찍어 사진을 올리는 요리 블로그를 운영하고 있다. 하루 방문자 수가 2만 명에 이르며 지금까지 약 1,000만 명이 넘게 다녀갔다. 그녀는 주부들 사이에서는 이미 인기 스타다. 거리를 지나가다가도 블로그에 올려진 사진을 보고 그녀인 줄 알아보고 연예인인 양 호감을 표하기도 한다. 게다가 그녀의 매력적인 콘텐츠가 날로 인기를 더해 주부를 대상으로 하는 회사들이 그녀에게 마케팅이나 광고 모델을 제안하는 경우도 많다.

방문자 수가 2만 명이란 것은 상상 이상으로 훨씬 큰 영향력을 갖는다. 블로그의 콘텐츠는 무한대로 스크랩되어 수많은 개인 블로그로 옮겨지는 선순환의 양상을 띠기 때문에 그 파급력은 폭발적이다. 기업 입장에서는 식상한 광고 수단이었던 TV나 잡지에 비해 상대적으로 비용은 저렴하고 효과는 큰 블로그를 활용하는 것이 이득일 것이다.

평범한 주부였던 그녀의 수입은 남편의 수입보다 3배가 넘는다. 기본적인 수입 구조로는 블로그에 올려진 콘텐츠를 기반으로 책을 출판하고 강연회, 강습, 광고 모델, 블로그 PPL, 개인 사업 등 다양한 수익 구조로 이어지고 있다. 평범한 주부로 편하게 자신의 사는 이야기와 집에서 해 먹는 요리를 올려 이처럼 큰 인기를 누릴 줄은 자신도 상상조차 못한 일이었다고 한다.

하지만 무엇보다도 그녀가 자신의 숨겨진 재능을 외부로 표출할 수 있었던 것은 과거 어머니가 식당을 하다가 몸이 아파 직접 요리를 하게 되면서 자연스럽게 요리를 접하게 된 것이 큰 밑거름이 되었다고 한다.

앞으로의 산업은 전문화 혹은 대형화의 양자택일의 기로에 서 있다. 자본이 빈약한 개인이 대형화에 맞서기 위해서는 전문성으로 승부해야 한다. 그 전문성이란 현재 자신이 하고 있는 일을 더 발전시키는 것이 가장 먼저 생각할 수 있는 일이다. 그리고 두 번째로 전문성을 살릴 수 있는 길이 와이프로거처럼 자신이 좋아했거나 가족들이 즐겼던 일 중에서 남들보다 뛰어났던 사례를 찾아보는 것이다. 그것이 바로 우리가 놓치고 있는 무형 자산이다.

무형 자산에 주목하는 성공한 사람들은 특히 숨겨진 가업의 전통을 잇는 것이 성공 확률이 높다고 한다. 늘 어려서부터 보고 자라 왔기 때문에 알게 모르게 체화되어 있다. 그래서 어머님이 요리를 잘했다면 평소에 요리를 하지 않았더라도 맛에 대한 감각이 살아 있어서 남들보다 요리를 잘할 수 있다.

주변의 일들을 무심하게 넘기지 마라. 눈에 보이지 않는 전통과 취향에 대해서도 다시 생각해 보라. 성공한 사람들은 자신 주변에서 일어나는 일들을 결코 가볍게 여기지 않고 작은 단서에서 기회를 포착해 그것을 활용하고 확장했다는 공통된 습성이 있다. 또한 작고 사소한 것에서 시작된 일인 만큼 1등 경험도 쉽게 체화된다. 이처럼 무형 자산은 우리가 한 단계 도약할 수 있는 발판이 된다.

Chapter 2

뭘 해도 잘되는
나를 위한 성공 에너지, 열정

위대함과 평범함의 차이는 자기 자신을 매일매일 재창조할 수 있는 상상력과 열망을 갖고 있느냐 없느냐 하는 것이다.

_ 톰 피터스(Tom Peters), 미국의 경영 컨설턴트

: 가슴 떨리는 삶을 살아라

〈비보이를 사랑한 발레리나〉는 발레와 비보이들의 댄스가 결합되어 외국인들에게도 인기가 많고 참신한 기획이 돋보이는 퓨전 뮤지컬이다. 나는 당시에 비보이 관련 서적을 기획 중이었으며 철저하게 외국에 내다팔 제품으로 세계 최고 기량의 콘텐츠를 책과 동영상 세트로 담아 내고자 했다. 그들은 비보이 월드컵으로 불리는 독일의 '배틀 오브 더 이어(Battle of The Year)'에서 1등을 한 최고의 실력을 갖춘 팀이었다.

나는 우연찮게 이들이 연습하는 모습을 살펴볼 기회가 있었다.

그리고 1시간 정도 진행된 연습을 보고 난 후 왜 그들이 세계 1등이 될 수 있었는지 알 수 있었다.

그들은 하루에 8시간 이상 상상 초월의 강도 높은 훈련을 했다. 보통 일반 종목 같으면 준비 운동이 길어야 10~20분이지만 비보이들은 격하고 강렬한 움직임 때문에 부상의 위험이 높고 몸 푸는 데 필요한 평균 준비 운동만 1~2시간 가까이 한다.

내 눈에 비친 그들의 모습은 '열정' 그 자체였다. 준비 운동도 결코 녹록해 보이지 않았다. 평균 연령 스무 살인 어린 그들이지만 열정만큼은 누구에게도 뒤지지 않았다. 내 나이 스무 살 때 저렇게 어딘가에 미쳐 열정을 발산해 보았는가 하는 인생에 대한 부끄러움마저 들었다.

몇몇 멤버들은 학교도 그만두고 오로지 춤을 위해 살고 있었다. 그들은 옥탑방에서 라면을 끓여 먹으면서 기성세대의 차가운 시선과 궁핍한 생활을 극복했다. 근래는 그나마 비보이가 유럽 한류의 선봉장이라 하여 인식이 좋아졌지만 얼마 전까지만 해도 할 일 없이 빈둥거리는 청춘으로 매도되었다.

하지만 이들에게는 열정을 넘어선 열정이 또 있었다. 남들이 뭐라 하든 내가 꼭 가야 할 길이라면 묵묵히 전진할 필요가 있다.

열정 앞에서는 나이도 숙연해진다. 여기 세월도 무찌른 열정이 있다. 1944년생인 반기문 UN 사무총장은 외무장관직을 수행한 2004년 1월 이래 총 105개국을 방문했으며 재직 기간 990일 중 1/3인 330일을 해외에서 보냈다. 총 321차례의 외교장관회담에 참가했고 예순을 넘은 나이에도 2박 6일, 24박 26일이라는 가히 살인적인 일정을 소화해 냈다. 또 그렇게 바쁜 와중에도 언론 간담회 74회, 외신 인터뷰 108회, 국내 언론과 인터뷰 100회 등의 활동도 펼쳤다. 당신의 인생이 무료하거나 싱겁다면 당신이 해야 할 일을 찾지 못하고 열정을 잠재우고 있기 때문이다.

: 청춘의 나이는 열정에게 물어보라

국내 주요 최고 경영자들이 모인 CEO 포럼에서 CEO들이 가장 중요하게 여기는 직원들의 덕목으로 열정을 꼽았다. 그들은 열정이야말로 어둠 속을 헤치고 회사를 주도적으로 이끌어 나가는 1등 인재의 핵심이라고 본다.

재계의 CEO들도 열정을 다른 어떤 덕목보다 높이 산다. 포스코의 이구택 회장은 출자사 신임 임원 교육 CEO 특강에서 "지식으로는 다소 부족한 점이 있을 수 있지만 열정이 없는 사람은 조금 곤란하다."며 임원들에게도 열정의 중요성을 강조했다. 또한 김신배 SK 텔레콤 사장은 기업가가 지녀야 할 필수 덕목으로 꿈과 열정 그리고 용기가 필요하다고 역설했으며 오세철 금호타이어 사장은 맨체스터 유나이티드 퍼거슨 감독의 열정을 본받으라며 모든 임원에게 책을 나눠 주기도 했다.

내가 인생을 걸었던 틈새라면의 김복현 사장은 부모를 일찍 여

의고 고등학교를 채 졸업하지 못하고 누나와 함께 명동에서 라면 가게를 열었는데 당시만 해도 라면 전문점이 없었을 때였다. 라면은 같은 먹는 장사라도 음식 대접을 받기 힘들었다. 일본과 달리 기본 베이스가 인스턴트였기 때문에 주변에서는 그를 멸시하고 비아냥거리기 일쑤였다. 하지만 그것이 최초의 라면 전문점 프랜차이즈 사업을 하게 된 배경이 되었다. 틈새라면이라는 브랜드로 전국 200여 곳에 가맹점을 열었고 편의점 GS 25와 합작으로 틈새라면을 만들어 신라면의 매출을 뛰어넘었다.

한여름 6평 반 지하의 주방 온도는 45도 가까이를 넘나들었다. 그래서 주방에 있다 잠시 틈이 나 밖에 나오면 오히려 밖이 더 시원하다고 느낄 정도였다. 그는 주변의 편견에 지지 않기 위해 조명도 수십여 차례 교체해 가며 고객에게 맞는 조도를 유지하고자 노력했고 테이블도 작은 공간을 최대한 활용할 수 있도록 바(bar) 형태로 개조했으며 틈새만의 고유함을 가져가고자 틈새 언어를 개발했다. 틈새라면에서는 물은 오리방석, 냅킨은 입걸레, 단무지는 파인애플로 부른다. 이는 단순한 말바꿈 같지만 20여 년 이상을 이어져 오는 고객과 주인의 즐거운 놀이이자 문화였다.

스타벅스의 하워드 슐츠(Howard Schultz) 회장이 "커피가 아닌 감각을 팔아라. 팽팽한 긴장감을 즐기는 사람만이 새로운 아이디어로 고객을 감동시킬 수 있다."고 했던 말을 이미 오래전부터 실현하고 있었던 것이다. 김복현 사장도 항상 같은 말을 한다.

"나는 한 번도 라면을 팔아 본 적이 없다. 나는 나의 열정을 팔았다."

: 당신 안에 잠든 열정의 지배자가 되어라

아무리 뜨거운 사랑도 언젠가는 끝나기 마련이듯 열정도 때로는 매너리즘 혹은 일상의 반복에 지쳐 식을 때가 있다. 그럴 때마다 우리는 처방전을 써야 한다. 가슴 떨리는 삶을 살기 위한 연료가 열정이라면 그 열정도 때때로 충전시켜야 한다. 열정을 충전하는 데 가장 좋은 방법은 열정의 지배자들과 만나는 것이다.

15년간 일본 보험업계 실적 1등을 차지했던 '세일즈의 신' 하라이치 헤이(原一平)는 어느 기자 회견에서 다음과 같이 성공 비결을 밝혔다.

"저는 그저 남보다 많이 걷고 뛰었을 뿐입니다. 그리고 세일즈를 하고 있지 않을 때는 세일즈에 대한 이야기를 했습니다. 그리고 세일즈에 대한 이야기를 하고 있지 않을 때는 세일즈에 대한 생각을 했습니다."

이런 수많은 열정의 지배자들이 남긴 글을 통해 자신을 격려하고 채찍질하는 것도 좋은 방법이다. 우리가 자기 계발서를 꾸준히 읽어야 하는 이유는 인간이란 망각의 동물이기 때문에 지속적인 자극이 필요하기 때문이다.

때로는 생동감 넘치는 열정을 만끽하고 싶을 때도 있다. 그럴 때마다 가끔 동대문 새벽시장을 찾는 것은 어떤가? 특히 소매상보다는 도매상을 추천한다. 숨 막히는 흥정을 하며 1분 1초도 아까운 듯 바쁘게 움직이는 그들의 모습을 보고 있노라면 삶의 매너리즘에 빠져 식어 버린 우리들의 열정에 불을 지핀다. 효과는 즉각적이다. 새벽녘 공기를 마시며 집에 들어오면 오히려 지치거나 힘들다기보다는 가슴 저 아래로부터 끓어오르는 삶에 대한 진지함과 열정이 충만해진다. 그리고 삶에 대한 경외심과 감사함마저 느낀다.

또한 성공한 CEO들은 삶의 훌륭한 멘토가 된다. 젊은이는 꿈을 꾸어야 한다. 하지만 꿈을 꾸는 것만으로는 꿈을 이룰 수 없다. 열정이 있어야 한다. 꿈이 목표라면 열정은 그 꿈을 실현시키는 엔진이다. 지키고 싶은 꿈이 있고 열정이 있다면 젊은이의 도전은 반드시 이루어질 것이다.

강렬한 에너지를 가진 사람들을 만나라. 그들은 불가능의 한계에 도전하는 모습을 보여 주면서 당신 안에 숨겨진 열정을 고양시켜 줄 것이다.

무엇이든 하고 무엇에든 열중하라. 무엇이라도 좋다. 아무것이든 하라. 단 진실로 진실로 당신만의 온 열정을 쏟아부을 만큼 좋아하는 일을.

Chapter 3

성공의 지름길,
자신의 역할 모델을 벤치마킹하라

스포츠를 배우는 가장 빠른 최고의 방법은 챔피언을 관찰하고 모방하는 것이다.
_ 장 클로드 킬리(Jean Claude Killy), 프랑스 국제 올림픽 위원회 위원

: 현실적으로 멘토링 가능한 역할 모델을 만들어라

역할 모델이 역사 속 위인이거나 너무 이상적이면 아무래도 현실적으로 도움을 받는 데 한계가 있을 수 있다. 그럴 때를 대비해 역할 모델 같은 멘토(Mentor)가 필요하다. 지혜롭고 믿을 수 있는 조언자, 지도자, 스승, 상담 상대의 의미의 멘토는 호메로스의 서사시 『오디세이아(Odysseia)』에 나오는 오디세우스의 충실한 조언자의 이름에서 유래되었다. 오디세우스가 트로이 전쟁에 출정하면서 집안일과 아들 텔레마코스의 교육을 그의 친구인 멘토에게 맡긴다. 오디세우스가 전쟁에서 돌아오기까지 무려 10여 년 동안 멘토는 오디세

우스의 아들 텔레마코스의 친구, 선생, 상담자, 때로는 아버지가 되어 그를 잘 돌보아 주었다. 이후 멘토라는 그의 이름은 지혜와 신뢰로 한 사람의 인생을 이끌어 주는 의미가 되었다.

늘 가장 존경받는 기업가 리스트에서 빠지지 않는 안철수 연구소의 안철수는 무서울 정도의 '열정'을 가진 캐릭터다. 하루 3시간만 자면서 의학 공부와 컴퓨터 바이러스 공부를 함께 해냈던 것은 강한 집착의 소산이다. 또 바둑 입문서를 무려 50권 이상 독파하면서 내공을 쌓은 후 실전에 데뷔해 불과 1년여 만에 아마 2단까지 오르는 등 그의 열정과 고집은 취미 생활에서도 유감없이 나타난다.

그런 안철수에게도 멘토가 있다. 그가 교수라는 새로운 직함을 추가하면서 역할 모델로 삼고 있는 사람은 미국 유학을 떠나 와튼 스쿨에서 공부할 때 마케팅을 가르치던 로디슈(Leonard Lodish) 교수다.

로디슈 교수는 마케팅 분야의 대가이면서도 직접 학생들의 창업을 도와준 사례가 숱하다고 회고한다. 심지어 단순히 학생의 사업 계획이 마음에 들어 창업 자금을 수표로 즉석에서 빌려 주었다는 일화도 있다고 한다. 안철수는 그의 인품과 학문에 매료되어 카이스트 교수 임용을 위한 추천서를 부탁했다.

멘토는 혼자서 풀 수 없는 난관에 부딪힐 때 인생의 나침반이 되어 주며 현실과 이상의 갭을 메워 주고 역할 모델의 부족한 부분을 채워 준다.

: 역할 모델 어떻게 찾을까?

스스로를 '두꺼운 얼굴'이라고 칭하는 뉴질랜드 여성 총리 헬렌 엘리자베스 클라크(Helen Elizabeth Clark). 그녀는 뉴질랜드 여성 최초의 장관, 부총리, 노동당 당수에 오른 인물이다. 결혼 뒤에도 남편의 성을 따르지 않았으며 꿈을 이루기 위해 아이도 낳지 않았다. 그녀는 꿈을 이루고자 하는 이들에게 내가 왜 이것을 원하는지, 무엇을 할 수 있는지부터 고민하라고 충고하며 존경할 만한 인생의 스승을 찾아 역할 모델로 삼으라고 충고한다.

나만의 역할 모델은 무의식 속에 존재하며 늘 함께한다. 당신이 무엇을 하든 어디에 있든 역할 모델은 삶의 나침반이 되어 준다. 역할 모델은 단순하게 직책이나 업무에 국한되지 않고 전반적인 삶의 방향성을 제시해 주며 인간적인 관계 형성에 도움을 줄 수 있다.

역할 모델은 자신이 마땅히 해야 할 직책이나 임무 등의 본보기가 되는 대상이나 모범이 되는데, 흔히 역사적으로 존경하는 인물을 통해 찾기 쉽다. 하지만 역할 모델이 자기 계발 측면에서는 매우 유용하면서도 한국적 토양에서의 역할 모델은 주목을 끌지 못했다. 김재원 한양대 교수의 지적은 역설적으로 역할 모델의 중요성을 강조하고 있다.

"인생 좌표 설정에서 역할 모델의 중요성은 아무리 강조해도 지나치지 않지만 불행히도 우리 문화는 사람의 장점을 부각시켜 역할 모델로 키우기보다는 단점을 지적해 역할 모델을 오히려 제거시키는 벌점주의 방식이 보편화되어 있다."

악플이 성행하는 문화에서 닮고 싶은 역할 모델은 우리 안의 최고를 이끌어 낸다. 또한 에너지를 긍정적으로 집중시켜 준다.

요즘 일본 젊은이들이 가장 닮고 싶어 한다는 소프트뱅크의 회장 손정의(마사요시 손), 일본 최고의 부자인 그에게도 역할 모델은 있다. 그가 가장 존경하는 리더십 인물은 바로 오다 노부나가(織田信長)이다. 그는 "존경하는 인물이란 자기가 그렇게 되기는 힘든 인물이고 좋아하는 인물이란 어딘가 결점은 있지만 굉장히 인간적이고 친밀감이 느껴지는 인물을 뜻한다."라고 말했다. 일본에서 비즈니스 전략의 달인으로 통하는 그는 오다 노부나가로부터 전략을 구사하는 안목을 배웠다고 종종 말하곤 한다.

또한 골프 황제 타이거 우즈(Tiger Woods)는 열여섯 살 되던 해에 자기 방에 두 장의 사진을 붙여 놓았다. 빨간색 스포츠카와 당대 최고의 골퍼인 잭 니클로스(Jack Nicklaus)의 사진이었다. 당신의 역할 모델은 존경하는 인물 혹은 좋아하는 인물일 수도 있다. 역할 모델은 한 명일 필요가 없다. 역할 모델 선정에서 특별한 형식은 없다. 가치관·성향·스타일·성공 등 자신이 추구하는 곳에서 찾아보면 된다.

우리가 어떤 위기나 문제에 봉착했을 때 어두운 바다의 등대처럼 불을 밝혀 줄 사람이 필요하다. 늪과 같은 좌절과 번민 속에서는 아주 작은 불빛만으로도 희망이 되기 때문이다.

Chapter 4

끈기는 재능을 이긴다

희망은 절대로 당신을 버리지 않는다. 다만 당신이 희망을 버릴 뿐이다.
_ 리처드 브리크너 (Richard Brickner), 미국 소설가

: 실패의 달콤함 혹은 포기의 잔혹함

1920년 어느 날이었다. 한 청년이 갈 곳이 없어 거리에서 방황하며 실패와 좌절의 시간을 보내고 있었다. 그때 지나가던 목사님이 다가와서 물었다.

"왜 그렇게 방황하고 있습니까?"

"출판사에 만화 원고를 들고 찾아가서 취직 자리를 구했지만 번번이 거절당했습니다. 저는 이제 가망이 없나 봅니다."

"그랬군요. 괜찮다면 일자리를 다시 찾을 때까지 교회 창고에서 지내셔도 됩니다."

"목사님, 정말 고맙습니다."

"다른 사람은 버려도 하나님께서는 당신을 사랑하고 계신다는 사실을 항상 잊지 말고 용기를 가지십시오."

목사님은 그를 따스하게 격려했다. 창고는 비록 허름했지만 그곳은 다시 그의 꿈을 키우는 사무실 겸 안식처가 되었다. 청년은 목사님의 말씀대로 용기를 잃지 않고 열심히 그림을 그리며 꿈을 키워 나갔다. 그런데 창고에는 쥐가 많았다. 그는 어느 날 창고 안에 있는 쥐를 보면서 만화 주인공으로 그려 보자는 생각을 언뜻 하게 되었다. 그렇게 생각지 않게 그린 그림이 바로 전 세계적으로 사랑받는 미키 마우스 캐릭터다. 청년은 이 그림 하나로 엄청난 부자가 되었다. 청년의 이름은 '월트 디즈니'다.

이대희의 『1%의 가능성을 성공으로 바꾼 사람들』에 나오는 이야기다.

세계 경제를 지배하는 월 스트리트의 투자은행 모건 스탠리(Morgan Stanley)의 CEO 존 맥(John Mack). 그는 2001년 다른 동료와 경쟁을 벌이다 패퇴해 모건 스탠리를 떠났다. 하지만 2005년 6월 회장 겸 CEO로 재영입되었다. 이렇게 화려하게 부활한 그는 야구에서 실패를 극복하는 법에 대해 배웠다고 말한다.

"나는 쓰라린 실패를 맛본 후 항상 이기는 생각만 했다. 지고 있는 경기라도 다음 경기에서는 꼭 승리한다는 생각으로 결코 포기하지 않는다."

실패는 우리 인생에서 아주 작은 순간에 불과하다. 그리고 세상에는 완벽한 사람도 없다. 완벽해지려고 노력하는 사람만 있을 뿐이다. 지금은 투자의 대가라 불리는 젊은 시절의 워렌 버핏도 투자금의 50퍼센트 이상을 날린 적이 빈번했었다. 역으로 성공한 사람들의 전기를 읽어 보면 그들에게 훈장 같은 실패담이 얼마나 많은지 알게 될 것이다. 그것이 자랑스러운 실패가 될 수 있는 것은 모두 실패를 교훈 삼아 성공의 지렛대로 삼았기 때문이다. 그리고 한 가지 확실한 것은 성공한 이들은 실패에는 관대해도 포기는 용서하지 못한다.

실패는 차라리 달콤하다. 원인을 분석하고 개선하면 다음을 기대할 수 있기 때문이다. 그러나 포기는 잔혹하다. 지나간 모든 시간과 열정을 아무런 성과 없이 과거 속으로 묻어야 하기 때문이다. 미국의 전설적인 야구 스타 크리스티 매슈슨은 승리하면 조금 배울 수 있고 패배하면 모든 것을 배울 수 있다고 했다. 하지만 포기하면 아무것도 배울 수 없다.

: 가장 아름다운 실패

영국의 BBC 방송은 여론 조사를 통해 지난 천년 동안의 '최고 탐험가 10인'을 선정한 적이 있다. 우리에게도 익숙한 마르코 폴로(Marco Polo), 페르디난드 마젤란(Ferdinand Magellan), 로알 아문센(Roald Amundsen) 같은 인물들이 선정된 가운데 낯선 인물이 한 명 눈에 띄었다. 마젤란과 아문센을 제친 그는 바로 어니스트 섀클턴

(Ernest Shackleton) 경이었다.

15세기부터 시작된 신대륙 탐험의 시대가 마침표를 찍은 20세기 초, 탐험가 어니스트 섀클턴은 스물일곱 명의 대원과 함께 남극 대륙 탐험에 나선다. 그러나 그들은 남극 대륙에 도달하기도 전에 바다가 얼어 배가 좌초되는 사고를 겪는다. 당시의 절박한 상황은 『인듀어런스』에 사실적으로 묘사되어 있다.

10월 28일 오후 4시. 온종일 거세게 밀어닥치던 압력이 마침내 최고조에 달했다. 배가 한쪽으로 기우뚱거리며 쓰러지는 순간 거대한 얼음이 키와 선미재를 맹수처럼 난폭하게 찢어 버렸다. 갑판이 부서져 나가고 용골이 쪼개졌다. 바닷물이 콸콸 쏟아져 들어왔고, 마침내 모든 상황이 종료되었다. 배는 서서히 가라앉기 시작했다. 오후 5시, 섀클턴은 배를 포기하라는 명령을 내렸다. 개들을 대피시키고 모든 물품들을 얼음 위로 올렸다. 갑판 위에 서 있던 섀클턴은 떨어져 나간 엔진이 바닥에 구르는 것을 기관실 위창을 통해 말없이 지켜보았다.

배에서 탈출은 했지만 이들은 삶을 기약할 수 없었다. 난파한 배에서 100킬로미터 떨어진 곳에 부빙 위에 캠프를 설치하고 무려 634일 간의 혹독한 시련을 맞이하게 된다. 식량이 떨어지자 펭귄을 잡아먹으며 연명했고 발이 썩어들어 가면서도 전진을 했다. 영하 39도에 주어진 것이라곤 슬리핑백이 전부였고 가장 가까운 육지는 600킬로미터 떨어진 곳에 있었다. 그마저 곧바로 갈 수 없어 세상에서 가장 거칠고 험하다는 1,280킬로미터의 드레이크 해협을 통과하고, 도끼 한 자루에 의지한 채 해발 3,000미터의 얼음산을 넘어 출발지였던 사우스조지아 섬의 기지에 도착한다. 그리고 먼저 도착한 이들에 의해 나머지 대원들 스물일곱 명 중 한 명도 죽지 않고 구조된다.

역사상 '가장 아름다운 실패'라고 불리는 이 탐험은 어니스트 섀클턴의 리더십으로 부각되었다. 우스갯소리로 '포기'라는 단어는 배추를 셀 때나 쓰는 말이라고 한다. 1등을 경험한 이들의 대부분은 좌절과 유혹을 이겨 내고 그 자리에 당당히 섰다.

미국의 한 조사 기관에서 영업 사원들의 성과를 조사한 적이 있다. 이 조사에 따르면 48퍼센트의 영업 사원은 고객을 한 번 방문하곤 포기했고, 25퍼센트의 영업 사원은 두 번째 방문에서 포기했고, 15퍼센트의 영업 사원은 세 번째 방문에서 포기했다고 한다. 그런데 영업 사원들 중 12퍼센트만이 갖은 역경을 이겨 내고 계속적으로 방문해서 목표를 달성했다고 한다.

패배하면 반드시 거기에서 무언가를 배우고 그것을 토대로 기존 개념에 얽매이지 않는 새로운 방식으로 자신을 개량해 다시 일어서는 성향, 이것이야말로 우리가 실패로부터 배워야 하는 당위성이다. 인간이란 쉬운 싸움에서 이기는 것보다 힘든 싸움에서 패배하면서 성장하는 동물이다.

: 미치거나 혹은 독하거나

당신은 오늘 하루도 후회없이 최선을 다했다고 자신하는가? 하지만 세상은 수준을 넘어 독해지라고 주문한다. 웬만한 노력으로는 통하지 않는 시대이다. 자신이 좋아서 하는 일도 때로는 마지못해 해야 하는 경우가 많다. 그럴 때마다 회피하고 싶고 떠나고 싶은 것은 것이 인지상정이다. 하지만 마음을 독하게 먹지 않으면 세상의 중심으로부터 경쟁자로부터 밀려나게 된다.

월 스트리트에서는 말단 직원이든 CEO든 누구나 악착같이 일한다. 거물이 아닌 다음에야 고용 계약서 같은 것도 없고 해고 통지를 받으면 그날로 끝이다. 1987년 베어링 증권에 입사해 부사장을 역임하고 크레디 리요네 이사로 월 스트리트에서 초고속 승진한 이정숙, 그녀는 월 스트리트를 비열하고 냉엄한 지옥이라고 말한다. 등 뒤를 조심하라는 경구에서부터 비열하고 이기적인 동료들의 배신, 이익을 가로채는 상사, 연봉 협상 때마다 날강도 같았던 보스 등 추악하고 비정한 일들이 다반사라는 것이다. 그녀가 그런 월 스트리트에서 살아남을 수 있었던 것은 오늘이 마지막이라는 절대 절명의 태도와 여기에서 포기하면 어디를 가도 성공할 수 없을 것이란 두려움 때문이었다고 한다.

나는 그녀처럼 독하게 살아야겠다고 마음먹고 스스로 삶에 오기를 부리고자 할 때마다 무일푼 오징어 행상에서 출발해 평당 대한민국 최고 매출을 올리는 점포를 만든 이영석 사장의 『총각네 야채가게』를 떠올린다. 그는 대학 졸업 후 이벤트 회사에 취직했으나 능력보다는 편법이 판치는 기업 문화에 좌절하고 그만두었다. 땀 흘린 대가가 보장되는 정직한 일을 찾던 중 장사와 인연을 맺어 총각네 야채가게를 운영하게 되었다.

　새벽 2시 반에 일어나 하루 18시간을 일하는 이영석 사장. 7시간을 맛있는 과일을 구입하기 위해 돌아다니고 사과 상자 2박스 분량의 과일을 매일 먹어치우는 이영석 사장. 노점상 시절에는 자리를 얻기 위해 주변 상인들로부터 위협과 폭행을 당하기 일쑤였고 구청의 단속을 뛰어넘기 위해 악착같이 벌금을 냈던 이영석 사장. 드세기로 소문난 가락시장에서 배짱으로 보기 좋게 그들의 기를 꺾어 버린 이영석 사장. 과일도 애프터서비스(AS)를 해 주는 이영석 사장. 야채가게 직원의 해외 연수를 위해 항공료와 숙박비, 부대 비용을 지급하는 이영석 사장. 바나나를 팔기 위해 원숭이를 활용한 장사 수완까지 그 모두를 관통하는 힘은 오기와 패기였다.

　이 책 말미에 가장 인상적인 구절은 '1퍼센트를 붙잡아라' 는 코너다. 잠시 소개해 본다.

　"내가 좋아하는 말 중에 49퍼센트와 51퍼센트라는 말이 있는데, 이 차이가 뭔지 알아?"

　"그야 50퍼센트를 기준으로 했을 때 1퍼센트의 많고 적음이죠."

　"그래 그거야. 바로 그 1퍼센트의 마음을 잡으란 말이야. 여기서 오랫동안 일한 사람들이라고 해서 너 같은 어려움이 없었겠어…….

다들 그만두고 싶은 49퍼센트의 마음과 일을 하고 싶은 51퍼센트의 마음이 교차해. 그렇지만 그 1퍼센트가 스스로를 잡아 주는 힘이 되는 거야?"

'1퍼센트를 붙잡아라'를 읽다 보면 영국의 시인 새뮤얼 버틀러(Samuel Butler)의 사회 풍자 소설 『에레혼(Erehwon)』이 떠오른다. 『에레혼』은 19세기 영국의 사회 제도를 풍자한 소설로 'No-Where'는 어디에도 없다의 역(逆)이기도 하지만 'Now-Here', 즉 '지금 여기'도 된다. 즉, 이상 세계는 없을 수도 있지만 내가 있는 바로 이곳이 이상 세계이기도 하다는 역설적인 내용을 담고 있다.

행상으로만 1억 원의 수입을 올렸던 이 사장이 찾아낸 것이 바로 '에레혼'이 아닐까. 사람들은 현재 자신이 처한 상황이 힘들어서 막연히 새로운 세계를 동경하지만 그곳에도 어려움과 난관이 있기는 마찬가지다. 현실로부터 자신으로부터 도망쳐서는 아무것도 이룰 수 없다. 성공한 사람들과 실패한 사람들을 가르는 것은 현재의 역경과 싸워 이겼느냐 아니면 도망갔느냐의 차이다.

: 포기하지 않는 놈은 당해낼 재간이 없다

열네 살이 되자 목사가 되기 위해 신학교에 입학한 젊은이가 있었다. 하지만 그는 학교 규율을 지키지 못해 퇴학당하고 만다. 그에게는 언어 장애까지 있어 극도의 신경 쇠약으로 자살을 시도하기도 했다. 그리고 공장 기술자가 되려고 했으나 자폐증으로 그만두었다. 그 뒤 서점 점원으로 일하면서 취미로 쓴 소설로 유명해진다. 그는 바로 노벨 문학상을 받은 독일의 대표작가 헤르만 헤세(Herman Hesse)이다.

여기 또 한 사람 오른쪽 다리가 2센티미터가 짧은 선천적인 장애인이 있다. 수술을 하면 정상인이 될 수 있었지만 가난 때문에 수술의 기회를 놓쳐 버린 그는 학교가 끝나면 구두닦이와 껌을 팔며 생계를 이어갔다. 그는 유독 달리기를 좋아했는데, 이 또한 배고픔을 잊기 위함이었다. 운동을 하고 나면 더 허기졌지만 달리는 동안은 배고픔을 느끼지 못 했다. 그는 바로 LA 올림픽에서 세계 신기록을 40여 차례나 경신했던 서배스천 코를 꺾고 조국 브라질에 첫 번째 금메달을 안긴 800미터 우승자 조아킴 크루즈(Joaquim Cruz)이다.

그녀는 20대에 딸을 낳고 싱글맘이 되었다. 결혼은 3년이 채 되기 전에 파경을 맞이했다. 그녀는 결혼에 실패한 뒤 우울증과 자살 충동에 시달렸다. 20대 중반은 가난의 연속이었고 인생의 밑바닥을 경험했다. 그녀는 정신과 상담을 통해 겨우 인생의 지옥에서 탈출할 수 있었다. 그녀는 바로 해리 포터 시리즈로 5억 400만 파운드의 자산과 명성을 얻은 영국 작가 조앤 K. 롤링(Joanne Rowling)이다.

옥스퍼드 대학 졸업식에서 영국의 총리 윈스턴 처칠이 남긴 연설은 역사상 가장 위대한 연설 중 하나로 손꼽힌다. 학생들은 제2차 세계 대전 승리의 주역인 그의 연설에 큰 기대를 걸고 있었다. 그리나 그의 연설은 단 두 마디로 끝났다.

"포기하지 마라, 절대로 포기하지 마라."

마라톤 선수들에게 가장 괴로운 구간이 마의 30킬로미터 지점이라고 한다. 모든 마라토너들에게 죽고 싶을 만큼 괴로운 구간인데 이상하게 여기만 넘어서면 오히려 앞선 구간보다 편하게 완주할 수 있는 힘이 나온다고 한다. 이를 러너스 하이(Runners' High)라고 하는데 통상 30분 이상 달릴 때 얻어지는 도취감 혹은 달리기의 쾌감을 말하며 헤로인이나 모르핀을 투약했을 때 나타나는 행복감과 비슷하다고 한다. 마라톤에서 완주를 포기하는 사람들은 대체로 30킬로미터 이전에 그만둔다.

직장 생활과 일 또한 마찬가지로 정말 힘들다고 느끼는 어느 시점이 있다. 얼마나 많은 사람들이 그 시점을 넘지 못하고 포기하는가. 세상이 나를 버리는 것이 아니라 내가 나를 버리는 것이다. 자살 직전까지 몰리는 극한 상황에서도 일어나서 당신의 길을 가야 한다. 어려움을 겪어 보지 않은 사람은 인간이 얼마나 강한 존재인지 알기 힘들다. 당신은 충분히 강하다. '절대로 포기하지 마라.'

: 과잉정보 속에서 집중력을 낭비하지 않는 창조적 단절

뛰는 놈 위에 나는 놈 있고 나는 놈 위에 노는 놈 있다. 마흔 살 어른의 창의력은 다섯 살 어린이의 4퍼센트에 불과하다고 한다. 쉬지 않고 일만 해서는 좋은 결과를 가져올 수 없다. 이젠 오래 일한다는 것이 결코 자랑거리가 아니다. 한국인이 미국인보다 연간 70일을 더 일한다고 하는데 그에 비해 생산성은 절반 수준이라고 한다. 열심히 일만 하는 덕목은 과거형이다. 묵묵히 열심히 일만 하다가는 소리 없이 회사에서 잘리는 세상이다.

열심히 일하는 것보다 열심히 생각하는 것이 훨씬 생산적이다. 열심히 일하는 것은 남들보다 2배로 잘하기 힘들지만 열심히 생각하면 10배, 100배 나은 효과를 발휘한다.

빌 게이츠는 매년 '생각 주간(Think Week)'을 갖는다. 이 기간은 가족을 비롯한 어느 누구와도 단절된 시간으로 오로지 자신과 미래의 마이크로소프트에 대해서만 생각한다. 흔히 이렇게 불필요한 외부로부터의 정보와 간섭에서 배제된 채 생각에만 집중하는 것을 '창조적 단절(Creative Break)'이라고 한다.

인크루트에 따르면 직장인 60퍼센트가 시간에 쫓기며 늘 바쁘게 지낸다고 한다. 그런데 그렇게 시간 없고 바쁘다는 사람들이 TV 시청과 인터넷 웹서핑을 즐긴다. 2007년 통계청 조사에 의하면 10세 이상 국민이 평일 TV 시청에만 2시간 6분을 쓰고 컴퓨터 이용에 28분을 소비하는 반면 인적 교류는 49분에 멈춰 있다고 한다. 하루 2시간은 1년이면 30일이나 된다. 시간에 쫓기어 바쁘다고 말하는 직장인들이 1년 중 한 달을 TV 시청에 쏟고 있다. 이것은 시간 활용에 실패한 직장인들의 전형적인 모습이다. 이러한 TV 시청과 웹서핑, 과도한 정보 중독은 피로를 유발시키고 주의력 결핍을 몰고 온다. 집에 TV가 없어도 사는 데 아무런 지장이 없다.

또한 통계청 생활 시간 조사에 따르면, 하루 10분 이상 자기 계발을 위해 학습하는 일반인이 직장인의 5퍼센트에 불과했다. 통계청은 기업이 이제는 직원들에게 자기 계발의 시간을 따로 주어야 한다며 '컴퍼데미(Company+Academy)' 개념을 제안했다.

이제는 국회의원이 된 고승덕. 그는 지금도 변호사 업무를 보고 방송에 출연하고 책을 쓰며 신문사에 일주일에 정기적으로 두 편의 기사를 연재한다. 그리고 일주일에 두 차례 정도 강연을 하며 증권 분야에서도 활동한다. 마지막으로 대학 겸임교수도 겸하고 있다. 또 새로운 사업도 구상 중이라고 한다.

시간이 없다고 말하는 사람들, 시간에 쫓기는 사람들은 시간의 노예일 뿐이다. 시간의 지배자가 되어야 한다. 시간을 지배할 수 없는 사람은 다른 어떤 것도 관리할 수 없다. 바쁜 게 선(善)이 아니다. 시장의 큰 흐름을 잘 읽어야 성과를 낼 수 있다.

Chapter 5
실패의 가장 치명적인 적은 바로 자신이다

스포츠맨이 매일 근육을 단련하지 않으면 훌륭한 몸매를 유지할 수 없듯이 경영자도 정신을 차리지 않으면 눈 깜짝할 사이에 추락하고 만다. 인간으로서 어떻게 살아갈 것인가를 늘 자문자답하면서 연마해야 한다.

_ 이나모리 가즈오(稻盛和夫), 교세라 그룹의 명예회장

: 스스로 삶의 CEO가 되어라

노자는 남을 알면 지혜로운 사람이지만 자기를 아는 사람이 더욱 명철한 사람이라고 했다. 또한 남을 이기는 사람은 힘이 있는 자이지만 자기 스스로를 이기는 사람은 더욱 강한 자라고 했다.

동서고금을 막론하고 진실로 강한 사람은 자기 자신에게 엄격한 사람이다. 하지만 인생사에서 자신을 알고 이기는 것은 힘든 일이다.

평온해 보이는 푸른 잔디에서 펼쳐지는 골프에도 난관은 여기저기 존재한다. 골퍼에게는 각기 틀린 14개의 클럽과 18홀, 벙커, 러

프, 바람 그리고 많은 경쟁자들이 있다. 골프는 흔히 멘털(Mental) 게임이라고 한다. 50퍼센트는 멘털에 좌우되는 경기이기 때문이다. 그래서 상대와 대결을 펼치지만 더 중요한 것은 자기와의 싸움이다. 내 안의 적들과 싸워 이겨야 상대방도 이길 수 있다. 최경주(崔京周)는 자신과의 싸움에서 이기기 위해서는 연습뿐이 없다고 했다.

1인 기업 혹은 프리랜서들이 선호되는 저주받은 경제 빙하기 시대다. 자유로운 근무 시간과 여가를 활용할 수 있다는 측면에서 각광받고 있다. 하지만 그들의 가장 큰 애로점은 불규칙한 수입도 있겠지만 무엇보다 자기 관리에 있다.

소설가 은희경(殷熙耕)은 일반 회사원처럼 매일 출근해서 규칙적인 글쓰기를 한다. 그녀가 출근하는 곳은 바로 건넌방이다. 마루만 건너면 되는 동선이지만 그녀는 직장인처럼 옷을 차려입는다. 몸에 끼는 옷을 입어야 긴장감도 생기고 소설이 잘 써진다는 이유에서다. 그녀는 꽉 끼는 정장 차림을 통해 스스로를 고양시키고 관리하는 방법을 깨우쳤다고 한다.

우리나라 사람들은 학교·군대·회사로 이어지는 집단 통제 사회에서 오랜 시간 생활하면서 규율을 따르고 관리를 받는 것에 익숙하다. 사람들의 의식 구조도 거기에 맞추어져 있다. 그러나 1인 기업이나 프리랜서는 스스로 자신을 관리하지 않으면 안 된다. 또한 회사를 다닌다고 해서 회사에서만 강요받는 것에 익숙해져서도 안 된다. 누구를 위해 일한다고 생각하거나 월급 받은 만큼 일하겠다는 발상만큼 위험한 것은 없다. 모든 것은 스스로의 역사를 만들어 가는 과정이다. 누군가의 통제에 어떤 규율에 의해 대충하겠다는 자세가 개인의 삶을 어떻게 변화시킬지는 뻔하지 않은가.

회사보다 먼저 자신을 위해 일해야 한다. 그러기 위해서는 자기 인생에 자신이 CEO가 되어야 한다. 내 인생의 CEO가 된다는 것은 스스로 시간·감정·행동을 제어할 수 있는 것을 의미한다.

하버드 대학을 졸업한 학생 260여 명의 실제 생애를 60여 년 간 추적하여 그들이 어떻게 성공하고 실패했는가를 밝힌 프로젝트가 있었다. 여기서 그들의 성공적인 삶을 분석해 보니 자신과의 싸움에서 승리하는 것을 의미했다. 진정한 성공이란 물질을 소유하는 데 있는 것이 아니고 자신과의 싸움에서 이기는 데 있다.

: 타인의 저주를 거름 삼아

박찬호는 부진의 늪에서 빠져나와 2년 만에 승리를 거두고 가진 인터뷰에서 팬이 투구 폼의 문제점을 지적해 주어 승리할 수 있었다다는 뜻밖의 말을 했다. 그는 스프링캠프에서 좋은 투구를 했을 때는 던지는 오른 팔이 높았는데 최근 등판에서는 옆으로 처진다는 내용이었다. 그는 경기할 때 팬의 지적을 의식했고 마운드에 올라 좋은 결과를 낼 수 있었다는 것이다. 메이저리그라면 쟁쟁한 프로와 코치들이 있을 텐데 정작 박찬호의 문제점을 지적해 준 것은 아마추어 일반 팬이었다.

종종 경력을 쌓고 어느 정도 위치에 오르게 되면 자만해서 일을 그르치는 경우가 생긴다. 예를 들어 주식 전문가의 주가 예측은 일반 주식 투자자들보다 뛰어날까? 그렇지 않은 것이 사실이다. 주식 전문가의 예측률은 월 스트리트를 지나는 주식 문외한보다도 떨어진다고 한다. 이를 '전문가의 저주(Curse of Expertise)'라고 한다. 진정한 주식 고수들은 절대로 예측 같은 것은 하지 않는다. 그들은 예측은 신의 영역이고 인간은 대응만 할 뿐이라고 말한다. 만약 "주식 시장은 앞으로 이렇게 될 것이다."라고 강력하게 주장하는 주식 전문가가 있다면 그는 점쟁이거나 사기꾼 둘 중 하나다.

노벨상을 수상한 심리학자 허버트 사이먼(Herbert Simon)은 체스 전문가와 비전문가에게 불과 수초 동안 체스판을 보여 주고 체스 말의 위치를 외우게 하는 실험을 했다. 한 경우는 실제 게임처럼 체스판의 말들이 놓여진 경우와 다른 경우는 무작위로 나열된 경우다. 그런데 여기서 실제 게임처럼 말이 놓여져 있을 때는 전문가의 역량이 드러났지만 무작위로 나열된 경우는 비전문가와 아무런 차이가 없었다. 이유는 전문가가 체스판의 틀을 많이 경험했기 때문이다. 이러한 틀 중에 하나를 스크립트(Script)라고 한다. 전문가가 어떤 일을 수행할 때 뛰어난 점은 스크립트 덕분이다. 그러나 이 스크립트가 예측 가능하고 정형화된 상황에서는 장점이 되지만 불확실성에 처한 경우에는 오히려 양날의 칼이 된다. 전문가가 가진 월등한 지식과 경험이 매우 특수하고 지엽적인 상황에 한정되기 때문이다. 스크립트를 좋게 말하면 패턴 인식을 잘 하는 것이고, 나쁘게 말하면

'뭐 눈에는 뭐만 보인다'는 식이 된다. 한 예로 미국에서 의사들의 오진으로 사망하는 사람이 한 해에만 10만 명에 이른다고 한다.

전문가로서 뛰어난 지식과 문제 해결 능력이 요구되지만 내가 생각하고 내가 말하는 것만이 옳다고 주장하는 순간 추락하고 만다. 그래서 지속적으로 성장하는 사람들은 가르치면서 배우고 후배로부터 조언을 구한다.

이는 BBC 방송의 아트 시리즈 〈웬디 수녀와 함께 떠나는 미술 여행〉의 저자이자 예술에 관한 한 최고의 이야기꾼으로 통하는 웬디 베케트(Wendy Beckett) 수녀의 말 속에 잘 나타나 있다.

"작품을 만들어 내기까지 예술가들에게 시간이 필요했듯이 그것을 감상하는 데도 시간이 필요합니다. 또한 약간의 소박함과 개방적인 마음도 필요합니다. 오만한 태도로 작품을 미리 판단해 버리는 상아탑 학자보다 슈퍼마켓 점원이 예술을 경험하기에 더 유리한 입장에 서 있다고 할 수 있습니다."

: 스스로 낮추면 세상과 눈높이가 동등해진다

한국 사회에는 이웃사촌이란 말과 사촌이 땅을 사면 배가 아프다는 극단적인 양면성이 공존하고 있다. 피를 나누지 않은 이웃도 사촌처럼 가깝다가도 혈연적 유대 관계가 있는 사촌이 땅을 사면 배가 아플 정도로 시기와 질투심을 보이기도 한다. 1등 경험과 더불어 사회에서 반드시 필요한 덕목이 있다면 바로 겸손이다. 아무리 실력이 좋아서 그 분야의 전문가가 되어도 주변의 평판에 신경 쓰지 않으면 미래가 불투명해질 수 있다. '튀어나온 못은 두드려 맞는' 법이다.

1등 했다고 잘난 척하거나 우쭐대는 것은 파국으로 치닫는 지름길이다. 1등 경험에서 반드시 배제시켜야 할 것은 권위이다. 권위의 속성이란 이렇다. 권위 있어 보이려 하면 권위적이 되고, 권위를 잊고 스스로를 낮추면 권위를 얻는다. 권위를 얻으려면 중력의 법칙을 따라야 한다. 물이 낮은 곳으로 흐르는 진리를 이해해야 한다.

겸손은 분명한 미덕이지만 지나친 겸손도 문제가 된다. 겸손은 인격의 완성으로 이루어지는 경우도 있지만 대부분 겸손은 사람의 칭찬을 거절하는 것같이 보이지만 실은 더욱 완곡하게 칭찬받기를 바라는 욕망이기도 하다. 때론 겸손도 지나치면 교만이 되기도 한다. 따라서 1등에 대한 주위의 칭찬을 얻고자 한다면 진실이 담긴 겸손이 필요하다.

반기문 UN 사무총장은 인도에서 만난 노신영 총리에게 능력을 인정받아 이사관으로 파격 승진하는 기회를 맞게 된다. 하지만 반기문 총장은 한사코 이 제안을 거절했다. 쟁쟁한 선배들이 많은데 자신의 차례가 아니라는 것이 이유였다. 그러나 어쩔 수 없이 승진을 허락하고 나서 반기문 총장은 외교부 선·후배 및 동료들에게 친필로 미안하다는 편지를 써서 보냈다.

빌 게이츠가 세계 최고의 부자이면서도 존경을 받는 이유는 그의 투철한 기부 철학 때문이다. 그는 부자의 겸손은 빈자의 벗이라는 이치를 몸소 실행했다. 겸손이란 독일어에서는 힘을 의미한다. 스스로 몸을 낮추는 자에게는 저절로 힘이 생긴다. 1등의 우쭐함, 자만심을 버리고 다시금 격언으로 스스로를 무장하자. 벼는 익을수록 고개를 숙이고 동전이 가득 찬 단지는 동전이 들어갈 때 조용한 법이다.

Part 03

위기를 뛰어넘으려면 **실력**으로 재무장하라

Chapter 1

30퍼센트 확신만 있으면 움직여라

일단 움직여라. 실수는 나중에 고쳐라.

_ 제프리 베조스(Jeffrey Bezos), 아마존닷컴 회장

: 사랑도 일도 책임은 자신의 몫이다

소프트뱅크의 손정의 회장의 결혼은 드라마처럼 극적이다. 그는 16살에 유학을 가서 18살 일본인 유학생 우미에게 첫눈에 반한다. 그리고 곧장 그녀에게 데이트 신청을 하지만 단칼에 거절당한다. 하지만 청년 손정의는 이에 포기하지 않았다. 그러자 관심을 보이지 않던 그녀는 끊임없는 그의 구애에 결국 교제를 시작하게 된다. 첫 데이트에서 청혼을 해서 우미를 경악시켰던 손정의는 결국 22살에 첫사랑 우미와 결혼하게 된다. 궁전 같은 집에서 살게 해 주겠다는 약속과 함께. 지금 손정의 부부는 960평의 대지에 40억 엔이이라는

액수로 공들여 지은 3층짜리 초호화 주택에 살고 있다.

사랑과 비즈니스에서 성공한 사람들의 공통점을 보면 이처럼 주저없이 행동으로 옮겼다는 공통점이 있다.

고민은 어떤 일을 시작했기 때문에 생기기보다 일을 할까 말까 망설이는 데에서 생긴다. 모든 일은 망설이기보다는 불완전한 채로 시작해야 남들보다 한걸음 앞설 수 있다.

펜이 있으면 쓸 메모지가 없고 메모지가 있으면 쓸 펜이 없는 경우가 허다하다. 그리고 펜과 메모지가 있는 경우 써야 할 내용이 없는 것이 현실이다. 무언가를 완벽하게 준비하고 시작한다는 것은 그만큼 어려운 일이다.

보통 기업에서 무언가를 해보자고 제안하면 반대론자들은 돈이 없다, 사람이 없다는 둥 무엇이 항상 부족하다고 말한다. 그렇다면 기업에 돈과 사람과 자원이 충분한 시기는 도대체 언제쯤 올까? 이것은 마치 언제든지 할 수 있다고 하는 사람은 그 언제가 되어도 할 수 없다고 증명하는 스코틀랜드 속담과도 같다.

CEO의 'E'는 'executive'로 '실행', '집행력 있는'의 의미를 갖고 있다. 잭 웰치는 GE에서 인재 고용 기준으로 '4E'를 들었는데, 비범한 인재들은 에너지(Energy)를 갖고 있고 조직에 활기를 불어넣는(Energize) 능력이 있으며, 결단력(Edge)이 있고 온갖 장애를 뚫고 실행한다(Execute)는 것이다.

실행력에서 배워야 할 인물이 있다면 중국의 황광위(黃光裕)를 들 수 있다. 우리에게는 낯설지만 그는 「포브스(Forbes)」에서도 선정한 중국의 신흥 갑부이다. 중국 내 자체 평가로는 2004년에 부호 순위 1위에 올랐을 당시 나이는 서른다섯에 불과했다. 그는 중국 남부 광둥성 산터우 부근 인구 300명도 안 되는 시골 출신으로 가난 때문에 중학교도 제대로 다니지 못하고 중퇴했다. 열일곱 살인 1985년에 집을 떠나 행상부터 시작해 베이징에서 전자 대리점 궈메이 전기(國美電氣)를 세운다. 이를 기반으로 중국 대륙의 유통업계를 장악하고 20년 만에 중국 최고 갑부의 반열에 올라섰다.

그는 움직이면서 생각하는 실천적 사고를 중시한다. 그는 30퍼센트의 확신만 있으면 바로 실행한다. 나머지는 일하면서 수정하고 보완한다. 그는 감(感)을 중시하며 지나치게 뚜렷한 목표는 설정하지 않는다. 너무 명확한 목표가 행동에 지장을 주고 기회를 박탈한다고 생각하기 때문이다.

대부분의 사람들은 생각은 많이 하는데 이를 정작 실행에 옮기는 사람은 얼마 안 된다. 그 이유는 수만 가지에 이른다. 또한 실패할 것이 두려워 이런저런 핑계를 댄다. 정작 배워야 할 것은 실패를 통해서임을 간과한 채로 말이다.

실리콘 밸리에서는 한 번 실패한 사람이 다시 투자를 하러 오면 오히려 환영한다고 한다. 한 번 쓴맛을 보았기에 적어도 같은 실수만큼은 하지 않을 것이란 확신에서다.

완벽한 상태로 최적의 조건에서 내가 하고 싶은 일을 하겠다는 발상은 버려야 한다. 완벽한 사람이 없듯이 기회도 완벽한 상태로 주어지지 않는다. 그래서 완벽한 사업 계획서도 없다. 한 치 앞을 내다볼 수 없거니와 시시때때로 상황은 변하기 마련이기 때문이다. 시작하고 수정하고 보완해도 늦지 않다. 생각한 뒤에는 즉시 방아쇠를 당겨라.

: 기회는 언제나 눈앞에 있다

세상에는 일을 꾸미는 사람, 일이 벌어지는 것을 지켜보는 사람, 무슨 일이 있었나 의아해 하는 세 종류의 사람이 있다. 당신은 어떤 사람인가?

99가지를 잘하고도 한 가지를 못해서 그 일이 실패로 끝난다면 어떤 기분일까? 자연의 이치를 생각해 보자. 물은 섭씨 100도가 되어야 끓는다. 물이 끓기 전의 98도, 99도는 의미가 없다. 99가지의 치밀한 준비를 했어도 마지막 행동이 없으면 말짱 도루묵이다. 모든 것의 마무리는 행동으로 완성된다.

상위 1퍼센트의 부자들을 주로 상대하는 한 자산 관리 전문가는 부자들에게 손꼽아 배워야 할 점을 들라고 하자 주저 없이 자신이 생각한 일을 과감하게 행동으로 옮기는 실천력이 첫 번째라고 했다. 상위 1퍼센트 부자들은 돈을 버는 생각이나 아이디어는 크게 일반인들과 다르지 않다고 하면서 실제로 행동하느냐 하지 않느냐에 달려 있다고 했다.

LG경제연구원의 'CEO의 성공 조건 A to G'에서 제시하는

CEO가 갖추어야 할 7가지 성공 조건을 살펴보면 다음과 같다.

* A : Aggressive Risk-taker 위험 없이는 얻는 것도 없다.
* B : Breakthrough Catalyst 5퍼센트는 불가능해도, 30퍼센트는 가능하다.
* C : Customer Advocate 고객의 말은 항상 맞다.
* D : Deliberate Strategist 가는 길에는 이정표가 필요하다.
* E : Enthusiastic Consultant 나를 따르라.
* F : Forceful Executor 말보다는 행동으로 보여라.
* G : Greedy Grinder 하루라도 책을 읽지 않으면 입안에 가시가 돋친다.

여기서 'F'는 'Forceful Executor', 즉 강력한 집행자를 의미한다. 그리고 최근 일본 경제 산업성에서 발표한 자료에서도 일본의 기업인들이 생각하는 CEO에게 필요한 자질 중에서 최상위를 차지한 것도 실행력이었다.

유명 CEO들은 차라리 망설이는 것보다 차라리 실패를 선택하라고 한다. 무엇을 할 것인가를 아는 것만으로는 충분하지 않다. 아는 것을 실천으로 옮기는 것이야말로 진정한 지식의 효용 가치를 얻는다. 기회가 올 것을 기다리지 마라. 기회는 언제나 당신 눈앞에 있다. 지금 당장 행동하고, 그리고 잡아라.

Chapter 2
최후의 결정적인 한 방, 킬러 본능

오직 편집광만이 살아남는다.

_ 조지프 슘페터(Joseph Schumpeter), 미국 경제학자

: '다음' 이란 기회는 없다

영국 프리미어 리그(Premier League)에서 활약하고 있는 한국 선수들이 늘고 있다. 그러나 눈에 띄는 선전을 하고 있는 선수는 박지성뿐이다. 나머지 선수들은 그라운드조차 밟아 보지 못할 정도로 위기를 맞고 있다.

그렇다면 박지성과 다른 선수들과의 차이는 무엇일까? 부상에서 회복한 후 활발한 경기력을 펼치며 감독의 신임을 얻은 박지성과는 달리 방출 위기로 몰린 다른 선수들의 차이점은 바로 킬러 본능이다.

프리미어 리그는 세계 최고의 선수들인 모인 곳이다. 이곳에서는 그라운드에 적응하고 연습할 시간이 많지 않다. 이미 세계 각국에서 내로라하는 선수들을 뽑아 왔기에 그 능력을 확실하게 보여 주어야 한다. 선발이든 교체 멤버로 뛰든 주어진 기회에서 인상적인 플레이를 펼쳐야 생존 경쟁에서 살아남을 수 있다.

2002년 하사관 학교 훈련생 700명이 모인 어느 강당. 강사에게 주어진 시간은 단 10분. 그는 생명보험 라이프 플래너로 군인들에게 생명보험을 팔고자 이곳에 왔다. 생명보험은 보통 30~40대 직장인들이 타깃이다. 그는 짧은 시간과 주고객이 아닌 타깃의 약점을 극복하고 10분 만에 무려 400명을 가입시킨다. 그의 촌철살인 같은 절묘한 프레젠테이션 전략은 감성에 호소한 것이었다.

"큰소리로 어머니를 외쳐 보세요."

그러자 생도들은 하나둘 눈시울이 붉어지기 시작했다. 부모님이 다쳤을 때를 생각해 보라고 하며 생도들의 눈물샘을 자극했다. 군대에 있으면 부모에 대한 고마움과 기대심이 커지기 때문에 이보다 더 감동적일 수는 없었다.

그는 이미 가치관이 확실한 마음을 움직이기보다 심리 변화를 유도하는 것이 세일즈에 주효하다는 것을 알고 있었다. 그는 단 한 번의 기회를 살려내는 데 천부적인 자질을 지니고 있었다. 그는 바로 '고정관념을 파괴하는 이노베이터'란 별명을 가진 보험업계의 살아 있는 전설 임한기다. 10분 만에 100억 매출 달성, 목욕탕에서 알몸으로 계약 체결, 보험사 직원에게 보험 판매, 입사 첫해부터 8년 연속 판매왕을 기록했다. 그가 상대의 거절을 물리치고 계약을 따낼 수 있었던 것은 '단 한 번의 기회'를 살린 킬러 본능이었다.

그의 저서 『평생 단 한 번의 만남』의 핵심은 처음 보는 사람이든 매일 보는 가족이든 모든 만남은 단 한 번뿐이라는 각오로 첫 만남에서 목표를 달성한다는 의지나 실천의 기록이다. 그에게는 "다음번에는 잘 될 거야", "다음엔 더 잘해야지", "다음에는 뭔가 다르겠지."라는 생각을 하는 것 자체를 이미 실패한 만남으로 규정한다.

휴대 전화 외판원에서 출발해 노래 경연 프로그램에서 우승해 자신의 꿈을 이룬 영국의 유명 성악가(못 생겨서 더 유명해진) 폴 포츠(Paul Potts)는 노래를 통해 무엇을 전하고 싶냐는 기자의 질문에 이렇게 답했다.

"인생을 살다 보면 언제 무슨 일이 일어날지 말해 주는 사람은 없어요. 나에게 왔던 단 한 번의 기회(One chance)처럼 의지만 있다면 인생의 기회는 꼭 잡을 수 있고 또 잡아야 한다고 말하고 싶어요."

: 공격적인 투지가 킬러 본능이다

"입시에 힘 빠진 한국 학생들은 킬러 본능이 없다."

한국 과학기술원(KAIST) 로버트 러플린(Robert Laughlin) 전 총장이 한 신문사 인터뷰에서 한 말이다. 노벨 물리학상 수상자로 '과학계의 히딩크'로 불리는 그는 한국 고등교육의 문제점으로 한국 사회의 경쟁 기피 풍토와 타고난 공격성(Killer Instinct)의 부족을 꼽았다. 그의 발언의 요체는 한국 학생들이 잔혹할 정도로 공격적이지 못하다면서 과학 세계에서는 거칠게 뒹구는 근성이 필요하다는 것이었다.

"한국 학생들은 다른 사람들을 패배자로 만들려 하지 않는다. 하지만 과학 세계에서는 거칠게 뒹구는 근성이 필요하다."

그는 또 이스라엘 학생들을 예로 들며 "그들은 잔혹할 정도의 공격성으로 세계 과학계를 리드하고 있다."면서 한국 학생들의 유약한 정신 상태를 질타했다.

삼성이 좋은 기업인 것은 친절해서가 아니라 싸워 이길 줄 알기 때문이다. 업계 1등은 평화로 얻는 것이 아니다. 싸움을 두려워하거나 싸움에 대한 투지가 없다면 1등은 절대 할 수 없다. 미안하지만 세상은 관대하거나 온정적이지 못하다. 잔혹하리만치 냉정하고 현실적이다. 넘어져서 일어서지 못하면 세상은 그를 짓밟고 갈 것이지만 넘어졌다 다시 일어서면 세상은 그를 향해 박수를 칠 것이다.

다음은 세계 명품 화장품 업계 1위인 랑콤의 클레어 채(본명 채양선) 본사 부사장이 한국 젊은이들에게 보내는 조언이다.

"한국적인 겸손은 버릴 필요가 있습니다. 글로벌 기업일수록 자신의 의사를 확실하게 표현하고, 논리적인 의견을 내 상대방을 설득할 수 있는 인재를 원합니다. 논쟁을 즐기세요. 과감하고, 적극적이고, 편견 없는 태도로 자신을 표현하세요."

1. 한국식 예의는 버려라. 묵묵히 일만 하는 미덕은 안 통한다.

2. 논쟁을 즐겨라. 상대를 설득해야 살아남는다.
3. 판단은 신속하고 정확하게 하라. 시든 꽃은 빨리 버려야 한다.

적극적인 실천과 설득이야말로 현 글로벌 시대를 살아가는 것뿐만 아니라 현 국내 시장에서도 살아남는 법이 아닐까 생각한다.

: 몰입의 힘

사람들이 어느 호텔 로비에서 독서 삼매경에 빠진 한 소녀를 보고 놀라워하고 있었다. 그녀의 독서 삼매경이 놀라웠던 것은 바로 로비 뒤편에서 거대한 소음을 일으키며 공사를 하고 있었기 때문이다. 그녀는 열다섯 살의 나이로 2개월 만에 국가 대표가 된 최초의 중학생으로, 2007년 양궁 최우수 선수(MVP)로 선정된 곽예지이다.

긴장과 적막이 흐르는 양궁 결승전, 중계를 맡은 아나운서와 선수 출신 해설가가 대화를 나누고 있었다. 드디어 마지막 한 발에 금메달이냐 은메달이냐의 메달 색깔이 결정되는 순간이었다. 선수가 활시위를 당긴 채 잠시 침묵의 시간이 흐르고 있었다.

아나운서 : 저렇게 활시위를 당긴 다음에는 숨을 멈추어야 하겠죠?
해설가 : 그런 거 신경 쓰면 활을 쏠 수 없습니다!

선수 출신의 해설가는 순간의 집중력이 요하는 경기에서는 숨을 어떻게 쉴까가 중요한 것이 아니라 목표물을 향해 어떻게 쏠 것인가 하는 주의 집중의 이동이 필요하다고 강조했다.

스포츠 심리학자들은 A급 선수가 되기 위한 조건으로 '주의 집중의 이동'을 꼽는다. 주의 집중은 순간적으로 목표에 집중하는 것이다. 기술 수행을 자동으로 하는 A급 선수와 달리 B급 선수들은 기술 수행의 과정에 연연해 단계적으로 목표에 집중한다.

『20대에 하지 않으면 안 될 50가지』와 『면접의 달인』 등으로 유명한 일본의 나카타니 아키히로(中谷彰宏)는 보통 작가들은 꿈도 꾸지 못할 만큼의 책을 썼다. 19년 동안 쓴 책이 무려 780권에 이른다. 게다가 한 해 평균 250만 권씩 팔린다고 하니 경이로울 뿐이다. 그는 굉장한 에너지의 비결로 메모의 습관을 들었지만 더 심층적인 비결은 집중력에 있었다. 그는 한 번 써야 할 책이 생기면 절대 한눈팔지 않고 거기에 몰입해 단시간에 작업을 끝낸다. 그렇지 않고서는 한 달에 세 권 이상의 책을 내기란 불가능하다.

집중력 강화는 취사선택부터 시작된다. 한 번에 여러 가지 일을 할 수 있으면 좋겠지만 한계가 있다. 따라서 하루에 할 수 있고 혼자 할 수 있는 일의 범위를 정해야 한다. 일의 범위가 정해지면 다음에는 순서를 정한다. 순서를 정한 후에는 시간을 배분한다. 시간이 정해지면 마음을 잡아야 한다. 일종의 마인드 컨트롤이다. 실현될 때까지 의지를 집중시킨다. 생각을 분산시키지 말고 무슨 일을 하든 현재 하고 있는 일만을 생각하고 최상의 상태로 완성할 수 있다고 확신하라.

Chapter 3
경쟁자를 앞서는 1% 경쟁력, 스피드

종래 큰 것이 작은 것을 잡아먹던 세상은 이제 빠른 것이 느린 것을 잡아먹는 세상이 되었다.
_ 클라우스 슈바프(Klaus Schwab), 세계 경제 포럼 회장

: 스피드는 비즈니스 정글의 1등 전술이다

스포츠는 때때로 전쟁에 비유된다.

1970~80년대를 풍미했던 미국의 전설적인 육상 스타 에드윈 모제스(Edwin Moses)는 당시 정상급 선수들이 3피트의 허들 10개를 뛰어넘을 때 허들과 허들 사이를 14걸음에 내달렸지만 에드윈 모제스는 그들보다 한 발 빠른 13걸음에 뛰어넘었다. 그 결과 에드윈 모제스는 1977년에서 1987년 사이에 경이적인 122회의 연속 우승을 달성했다.

영화 〈피아니스트(The Pianist)〉를 연출한 세계적인 영화감독 로

만 폴란스키(Roman Polanski)가 꽃다발과 한 통의 편지를 LG 전자 프랑스 법인에 보냈다. LG 전자 서비스 요원이 고장 난 PDP TV를 하루 만에 고쳐 준 답례였다. 유럽에서는 이와 같은 신속한 서비스가 드문데다 소비자가 직접 제품을 들고 찾아가거나 보름에서 한 달 정도 걸리는 수리 기간을 당연시한다. 그래서 외국인들은 한국의 빠른 A/S 문화를 대하면 놀라움을 감추지 못한다.

1980년대 중반부터 일본 자동차 업체들은 미국에서 기세를 높이기 시작했다. 일본 자동차 업체가 미국 업체들을 궁지로 몰아넣은 결정적 경쟁력은 속도였다. 일본은 신제품 개발 시간을 대폭 줄여 소비자의 니즈를 최대한 빨리 반영했다. 당시 미국이 신제품을 내놓는데 5년 걸리던 것을 일본은 2.5년으로 줄였다.

스피드는 이처럼 '경쟁'이라는 이름 속에 내던져진 전쟁터의 1등 경쟁력이다. 가장 빠른 차는 소비자들에게 브랜드를 각인시키고 가장 빠른 연산 처리를 하는 컴퓨터가 시중에 나오면 새로운 수요를 창출한다. 20세기의 경영이 관리였다면 21세기의 경영은 스피드다. 생각하는 속도로 경영할 수 있는가, 없는가가 개인과 기업 성패의 관건이다.

: **빠른 결정으로 불확실성에 대비하라**

미래학자들은 과거 100년의 변화보다 향후 10년의 변화가 더 빠르고 예측하기 어려울 것으로 보고 있다. 21세기의 특징인 정보화 시대에는 정보 지식의 수명 주기가 점차 짧아지고 있다. 이렇게 예측 불가능한 시대의 핵심 경쟁력은 바로 스피드일 수밖에 없다.

스피드는 경영적인 측면에서 여러 모로 필요하다. 생산과 같은 기술적인 요소도 중요하지만 먼저 어떤 문제에 봉착했을 때 신속한 의사 결정을 내려야 한다.

경영이란 언제나 불확실성에 대한 도전 행위다. 요르마 올릴라(Jorma Ollila) 노키아 회장은 확실한 과거보다는 불확실한 미래가 더 낫다고 말했다. 경영 환경에서는 완벽함으로 무장한 채 비즈니스를 하기란 불가능하다. 아무리 미래가 불확실해도 안정적인 과거에 안주할 수는 없다는 점이다. 그런데도 CEO의 자리에 오르게 되면 사람들은 심사숙고하다 못해 장고 끝에 악수(惡手)를 두게 된다. 차라리 신속한 의사 결정으로 현실에서 드러나는 문제점들을 발견해서 수정·보완하는 편이 훨씬 효율적이다. 그래서 경영자는 가공된 정보보다는 살아 있는 정보를 선호해야 의사 결정 시에 필요한 정보 수집 시간을 단축할 수 있다.

『좋은 기업을 넘어 위대한 기업으로(Good to Great)』의 저자 짐 콜린스도 "유능한 경영자는 결정을 미루지 않는다. 실패한 의사 결정은 대부분 판단 착오가 아니라 제때 결정을 못 내렸기 때문이다."라며 신속한 의사 결정의 중요성을 강조했다.

소니의 시가 총액 1/10에 불과했던 삼성이 10년도 채 안 돼 소니의 두 배에 이르게 된 배경에는 삼성 경영 특유의 신속한 의사 결정이라는 강점이 있었다고 일본의 경제 주간지 「도요 게이자이(東洋經濟)」가 보도한 적이 있다. 「도요 게이자이」는 도요타(豊田)와 삼성의 공통점으로 위기의식과 속도 경영이 공통점이라면서 일본 기업들에게 삼성을 배우든가, 아니면 무너뜨리겠다는 기개가 필요하다고 역설했다.

비단 삼성뿐만 아니라 성공한 기업들은 대부분 스피드 경영을 전면에 내세우고 있다. 한때 한국 기업들의 벤치마킹 대상이었던 GE의 경쟁 우위 요소는 3S다. 3S는 'Self-Confidence(자신감)', 'Simplicity(단순성)', 'Speed(속도)'를 뜻한다.

디지털 카메라로 유명한 올림푸스도 'Standard', 'Slim', 'Speed' 3S가 기업 핵심 요소다. 올림푸스 한국은 직급 체계도 이색적이다. 임원이 없고 직원과 팀장 바로 위에 대표이사가 있다. 단계별 결재 과정을 없애고 업무 흐름을 단순화하여 스피드 경영을 추구하기 위해서다. 이러한 빠른 결정으로 올림푸스 한국은 전략 30에 실행 70인 추진력 강한 기업으로 거듭났다.

: 프로세스는 최대한 간단하게

현대 경영에서 제시하는 경쟁력은 'Volume(양)' × 'Quality(질)' × 'Speed(속도)'로 나타난다. 아무리 양과 질을 최고로 포장한다 할지라도 스피드가 받쳐 주지 못하면 하루가 다르게 시시각각 변화하는 시장에서 살아남을 수 없다.

비지오(Vizio)는 세계 최대 미국 디지털 TV 시장에서 혜성같이 등장해 삼성전자와 소니를 밀어내고 단숨에 시장 점유율 1위로 떠오른 업체이다. 1년 전 대비 340퍼센트 성장하며 북미에서 디지털 TV의 기적을 이루었다. 비지오의 강점으로 꼽는 것이 철저한 아웃소싱과 프로세스(Process)의 단순화다.

비지오의 CEO 윌리엄 왕(William Wang)은 "우리가 대기업과 다른 점은 무엇보다 신속하게 의사 결정을 내린다는 점이다. 장사를 하다 보면 시장 상황에 따라 100원짜리 물건을 90원에 팔아야 할 때도 있다. 우리는 조직이 작아 이러한 상황에 바로 대응할 수 있다. 의사 결정 때 7~8단계 결재를 거쳐야 하는 대기업과 다른 점이다."라고 프로세스가 다른 그 어떤 글로벌 기업보다 강하다고 강조한다.

스와치 시계로 유명한 SMH도 유연하고 스피드 있는 경영으로 성장한 대표 기업이다. SMH는 새로운 고객의 패션 욕구를 빠르게 포착하여 다양하고 독특한 디자인의 제품을 잇달아 출시했다. 보수적이고 기능 위주의 시계를 패션 액세서리로 바꿔 놓은 것이다. 강소기업의 강점인 스피드와 유연성을 극대화하면서 기존 대기업들의 타성을 깨고 스위스 시계 산업을 부흥시킨 주역으로 평가받고 있다.

스피드 경쟁력을 배가시키려면 프로세스 단순화를 통한 속도 경영, 즉 일하는 방법과 절차를 단순화해야 한다. 각 분야에서 세계 1위를 달리고 있는 월마트, 델, 도요타, 삼성전자의 공통점이 있다면 바로 '고객 중심의 경영'이다. 이들은 과거 대량 생산 체제에 익숙해져 판매자의 공급 논리에 좌우되던 프로세스를 철저하게 고객의 요구에 맞도록 재편성했다. 그러한 다양한 고객의 요구에 대응하기 위해서는 스피드 경영이 필요했다. 삼성전자는 일본 기업과 비교했을 때 반도체의 설계, 양산, 생산 설비 구축의 속도가 두 배 정도 빠르다. 그리고 고객의 성향이 바뀌면 제품을 즉각 바꾸는 고객 지향성을 띠고 있다. 이러한 시장 대응력을 키우려면 내부 핵심 프로세스를 단축해야 하는데, 최우선 실천 항목은 복잡한 관행·제도·조직의 단순화와 통합화가 이루어져야 한다.

사실 지금까지 조직 대부분이 '전문화', '분업화'로 생산력의 향상만을 목표로 삼아 왔다. 따라서 조직은 세분화 일변도로 변했고 역설적으로 이를 통제할 수 있는 수많은 규정과 제도가 복잡한 프로세스를 낳았다. 스피드 경쟁력의 출발점은 내부 효율 중심의 프로세스를 고객 만족을 지향하는 프로세스로 바꾸는 것이다. 시장에서 살아남으려면 시장의 욕구에 100퍼센트 집중해야 한다.

마지막으로 스피드 경쟁력을 확인하는 평가 작업이 필요하다. 혁신 활동과 관련해 '측정할 수 없는 것은 개선할 수 없다.'는 명언이 있다. 무조건 빠른 것보다 전략적으로 방향을 설정하여 접근하는 것이 필요하다.

Chapter 4
창의력 없이는 1등도 없다

우수한 기술력을 기반으로 한 크리에이터의 창조력, 파트너십 그리고 미래의 비전이 성공을 위한 열쇠다.

_ 빌 게이츠(William H. Gates)

: 창의적 생각을 트레이닝하라

대한 빙상 경기 연맹 전명규(全明奎) 전무는 한국 쇼트트랙의 살아 있는 전설이자 대부로 통한다. 1987년 한국 쇼트트랙 대표팀을 맡아 수년 만에 세계 정상으로 이끌었다. 1987년 5월부터 2002년 4월까지 각종 국제 대회에서 딴 메달 수만 780여 개에 이른다. 그중 금메달이 230여 개이고, 올림픽에서만 11개의 금메달을 땄다. 해외에서도 그의 명성은 독보적이다. 외국에서 그를 부르는 별명이 빅(Big)이라고 하니 그의 존재감이 어떤지 짐작하고도 남는다.

전통적으로 한국의 여자 쇼트트랙 맞수는 중국이다. 특히 여자

3,000미터 계주의 지존은 중국이었다. 중국은 양양A, 양양S를 필두로 스피드·경험·체력 면에서 월등했다. 게다가 8년 동안 호흡을 맞춰 와 2년밖에 안 된 한국 선수들보다 훨씬 유리했다. 전명규 감독은 그러한 강력한 중국의 모습을 비디오로 철저히 분석해 보면서 하나의 약점을 발견했다.

계주는 개인의 능력 못지않게 선수들의 팀워크가 중요하다. 밀어 주는 타이밍과 받으러 나오는 타이밍이 잘 맞아야 한다. 계주에서 교대할 때 역전을 허용하는 경우는 호흡이 맞지 않아 타이밍을 맞추지 못했을 때다. 그래서 계주는 반복 훈련과 선수 배치가 중요하다.

전명규 감독은 완벽하리라 여겼던 양양A과 양양S가 앞 선수를 밀어 줄 때 다소 힘이 빠져 타이밍이 지체되는 것을 발견한 것이다. 하지만 계주의 특성상 한국 선수 누가 그 선수 교체 타이밍에 걸릴지 알 수 없는 일이었다.

3,000미터 계주는 스물일곱 바퀴를 돌아야 하는 게임으로, 전명규 감독은 남자팀을 중국팀으로 간주하고 모의 훈련을 반복했다. 하지만 2000년 세계 선수권 대회에서 이 방법을 썼지만 전력 차가 너무 큰 관계로 실패를 경험한 바 있다.

"이 작전을 계속 펼 것인가? 아니면 운명에 맡길 것인가?"

전명규 감독은 도무지 결정을 내릴 수가 없었다. 운명의 결전일인 2002년 2월 22일 아침 드디어 결심을 하고 선수들에게 작전 지시를 내렸다.

"양양S에서 다른 선수로 바뀔 때 너희 넷 중에 한 명이 교대 없이 그대로 밖으로 치고 나가 중국을 제쳐라. 내가 신호를 보낼 테니 누가 주자로 나서든 양양S에 승부를 건다. 알았지? 단 한 번의 찬스뿐이다."

경기가 시작되었다. 전문가들의 예측대로 후반전까지 중국의 질주는 무서웠다. 중국을 추월한다는 것은 거의 불가능해 보였다. 그런데 마지막 여덟 바퀴를 남긴 시점이었다.

"이때다!"

전명규 감독이 신호를 보냈다. 그때까지 감독은 중국 선수들의 스피드를 재고 있었다.

중국의 주자 양양S가 다음 주자인 양양A의 등을 밀어 주는 찰라 시계추는 약간 멈칫하는 것 같았다. 이 틈을 타 한국의 주민진이 선수 교대 없이 바깥 코스로 치고 나가 중국 선수를 제쳤다. 그는 반 바퀴를 더 돌고 나서야 최민경에게 레이스를 넘겼다. 그리고 4분 12초 793의 세계 신기록으로 결승선을 통과하며 강력한 중국 선수들을 제치고 금메달을 획득했다.

전명규 감독은 1998년에도 김동성과 전이경을 통해 '칼날 내밀기'로 불리한 상황을 극복하더니 이번에는 반 바퀴를 더 도는 허를 찌르는 전략으로 나가노 올림픽에서부터 여자 계주 3,000미터의 금자탑을 세웠다.*

---

* 권광영, 『너만의 성공 인프라를 만들어라』, 넥서스, 2004.

그는 경기장 밖에서도 창의적인 전략의 달인이었다. 쇼트트랙이라는 경기의 특성상 심판의 판정이 매우 중요한 요소이기 때문에 심판들에게 공정한 룰을 적용시키는 게 관건이었다. 게다가 쇼트트랙 신흥 강국인 한국에 대한 견제 심리도 크게 작용했기 때문에 약간의 실수도 용납하지 않는 상황이었다. 전명규 감독은 선수들 사이에서 5개 국어를 한다고 소문이 나 있다. 세계를 돌아다니며 경기를 하다 보니 사전에 그 나라 인사말을 익히는데 선수들이 그 모습을 보고 자신이 유창하게 5개 국어를 한다고 믿은 덕분이다. 또한 그는 경기가 없는 시즌이면 심판들에게 그 나라 언어로 편지를 썼다. 특별히 한국팀을 봐 달라는 내용이나 어떤 이득을 주겠다는 것도 아니었다. 그저 알고 지내는 것만으로 다음 경기에서 심판이 한국팀을 편파적으로 대하지 않을 것이란 전략이다. 경기가 열리기 전 편지를 썼던 심판들과 악수를 나누고 인사를 하면 편지를 보낸 장본인이냐며 반가워하더라는 것이다. 또한 일부 심판들 중에는 답장을 통해 친숙한 이들도 있다고 할 정도로 그의 지략은 경기장 밖에서도 유효했다.

창의적인 전략은 불리한 상황을 역으로 이용하는 반전의 드라마다. 세계 전쟁사에서도 빛나는 이순신 장군의 명량해전도 결코 다르지 않다. 병사, 배, 무기 어느 것 하나 제대로 갖춰지지 않은 상황에서 열두 척의 전함으로 모두가 패배를 기정 사실로 받아들일 때 이순신 장군은 창의적으로 대응해 전쟁 상황을 반전시켰다.

안다는 것은 전혀 중요하지 않다. 오히려 상상하는 것이 더 중요하다. 창의성은 선천적인 능력이 아니라 누구나 노력을 하면 창의성을 기를 수 있다.

: 2퍼센트 부자 마인드

미래는 점점 불확실한 시대로 치닫고 있다. 이러한 불확실성은 기존의 모든 규칙을 무용지물로 만들고 새로운 이성과 사고를 요구하게 만든다. 그러나 사람들은 안전과 안정을 요구한다. 그러다 보면 대중적 사고에 길들여지기 마련이다. 그렇다면 모두가 가는 길에 서면 부자가 되고 안전하게 성공할 수 있을까?

일본의 '돈키호테'라는 작은 디스카운트 체인점은 '뒤죽박죽 진열·한밤중 오픈' 역발상의 전략으로 고객의 지갑을 열게 한 일본 유통업계의 반항아로 통한다. 이 가게는 2퍼센트 마인드에서 시작되었다. 사장 야쓰다 타카오(安田隆夫)는 대학 졸업 후 입사한 부동산 회사가 도산하자 곧바로 가게를 차렸다. 그러나 장사가 잘 되지 않았다. 하루는 밤늦게 불을 환하게 밝히고 새로 들인 물건을 정리하고 있었는데 고객들이 아직도 영업을 하는 줄 알고 찾아오더라는 것이다. 그 무렵에는 편의점들도 11시경이면 문을 닫았다. 그는 그 이후로 자정까지 영업을 했는데 낮보다 두 배 정도 매출이 올랐다. 나이트 마켓을 발견하게 된 것이다.

그리고 돈키호테의 또 다른 특징은 열대우림형 압축 진열법이다. 기존의 매장들이 보기 쉽고, 집기 쉽고, 사기 쉬운 목적 구매자를 위한 점포였다면 돈키호테는 잘 보이지 않고, 집기 어렵고, 사기 어려운 점포를 추구했다. 나이트 마켓은 목적 구매가 뚜렷하다고 여겼으나 동남아 도깨비 시장 컨셉트의 뒤죽박죽 진열로 충동구매를 이끌어 냈다. 고객들은 돈키호테에 가면 마치 보물찾기하듯 찾는 즐거움, 발견하는 즐거움, 고르는 즐거움에 빠져들며 점포 안을 탐험한다. 이는 고객의 체류 시간을 늘이고 충동구매를 유발시켰다. 야쓰다 타카오는 낡은 상식을 파괴한 것이 돈키호테 성공의 핵심이라고 자평한다.

"당신은 부자가 될 수 있는 자질을 갖추었는가?"라는 질문을 던지는 『억만장자 마인드』의 도널드 트럼프(Donald Trump)는 2퍼센트의 부자에 들기 위해선 98퍼센트의 사람들과 다르게 살아야 한다고 강조한다. 어쩌면 충분히 부자가 될 기회가 주어지는데도 정형화된 사고와 틀 안에 갇혀 그 기회를 활용하지 못하는 것은 아닌지 스스로에게 자문해 볼 일이다.

Chapter 5

핵심 역량에 집중하라

자기 분야에서 최고로 성공하고 싶다면 먼저 한 분야의 최고 전문가가 되어라. 자신의 능력을 여기저기 나눠 쓰는 일은 자제하라. 나는 지금까지 여러 가지 일에 손대는 사람이 돈을 많이 버는 것을 거의 보지 못 했다.

_ 앤드루 카네기(Andrew Carnegie), 철강왕

: 확실한 하나가 밋밋한 열 개보다 낫다

애플(Apple) 하면 가장 먼저 무엇이 떠오르는가? 아이팟? 애플의 3G 아이폰(iPhone)은 출시 이후 3일 만에 100만 대 판매를 돌파했고 수요가 늘자 대만의 위탁 업체에 주당 생산량을 80만 대로 늘리도록 요청했다. 이 수요대로라면 연간 4,000만 대 수준에 이르게 된다. 애플의 신제품이 나올 때마다 애플 스토어에 아침부터 몇 시간 동안 줄을 서서 기다리는 풍경은 더 이상 낯선 모습이 아니다. 그들이 애플의 신제품에 열광하는 이유는 바로 디자인이다. 애플의 디자인은 세계 소비자들의 감성을 꿰뚫고 있다. 기업들은 과거에는 가

격으로 오늘날에는 품질로 경쟁하고 있지만 미래에는 디자인으로 경쟁할 것이다.

이제 디자인은 세계 모든 기업들의 성패를 좌우할 핵심 역량으로 부각되고 있다. 핵심 역량은 1990년 미시간 대학교 비즈니스 스쿨의 프라할라드(C.K. Prahalad) 교수와 런던 비즈니스 스쿨의 게리 하멜(Gary Hamel) 교수가 발표한 이론이다. 기술이 급격히 변하며 시장에 대한 예측이 어려워지면서 기업 외부 환경에 치중하던 경영 전략을 지양하고 기업 내부로 관심을 돌려 내부에서 경쟁력을 찾자는 것이다.

IBM은 'Good design is good business.'라는 슬로건을 내걸었고 필립스는 제품 성공 여부의 80퍼센트를 디자인이 결정한다는 신념 아래 디자인에 사활을 걸고 있다. 또한 부활을 도모하고 있는 소니도 새로운 디자인, 매력적인 디자인, 질 높은 디자인으로 소니의 미래를 개척하고 있다.

소비자 보호원의 조사에 따르면 10~20대 층에서 제품 구매에 영향력을 미치는 요인으로 디자인이 52퍼센트로 압도적이었고 다음으로 품질(22퍼센트), 가격(14퍼센트) 순이었다. 또한 영국 디자인 협회 조사에서 R&D 투자에 비해 시간과 비용 측면에서 디자인에 투자하는 것이 효과적이라는 보고서도 내놓았다. 디자인 개발 비용은 첨단 기술 개발비의 1/10 수준이고 회수 기간도 1/3 정도라는 것이다.

애플에 위기가 없었던 것은 아니다. 한때 마이크로소프트, 인텔

등이 시장을 주도하면서 파산 위기에 몰렸지만 스티븐 잡스는 'It's a difference.'라는 슬로건을 내걸고 위기를 타개했다. 이후 애플의 iMac, iPod, iPhone과 같은 디자인 지향적 제품들은 파격이 흥미를 부른다는 디자인 불변의 법칙에 따라 세계 소비자들의 감성을 지배하고 있다.

핵심 역량은 단순히 일을 잘하는 것이 아니라 경쟁 기업에 비해 확실한 우위에 설 수 있는 장점을 말한다. 예를 들면 구글의 검색 기술, 애플의 창조적 디자인, 마이크로소프트의 표준화 전략, 캐논의 정밀 광학 기술, 월마트의 강력한 물류 시스템, 코카콜라의 브랜드 마케팅 등이 각 기업의 핵심 역량이다.

많은 것이 필요한 것이 아니다. 확실한 단 하나가 기업과 개인의 성패를 결정짓는다.

: 자신을 유일무이한 존재로 상품화하라

낸시 랭, 그녀는 국내의 보수적인 미술계에서는 예외적으로 아티스트 자신이 예술의 대상이 되어 대중 속으로 다가가는 팝 아티스트다.

세계적인 전통과 명예를 자랑하는 베네치아 비엔날레(Venezia Biennale)는 브라질의 상파울루 비엔날레(Sao Paulo Biennale), 미국의 휘트니 비엔날레(Whitney Biennale)와 더불어 세계 3대 비엔날레의 하나이다. 대학을 갓 졸업한 그녀는 2003년 이탈리아 베네치아에서 2년마다 개최되는 종합적 국제 미술전 베네치아 비엔날레에서 '초대받지 않는 꿈과 갈등'이라는 주제로 가부키(歌舞伎)와 빨간색 비키니 차림으로 과감한 퍼포먼스를 선보였다.

이후 그녀는 걸어 다니는 팝아트로 매스미디어의 주목을 받으며 아티스트로서 CF 모델로서 작가로서 왕성한 활동을 벌이며 젊은 여성들의 선망의 대상이 되었다. 그녀는 스스로 자신의 성공 동력을 '거리낌 없는 솔직함'이라고 말한다. 그녀의 작품 세계에서도 드러나지만 그녀를 직접 만나 보면 그 솔직함을 느낄 수 있다.

이제 아티스트들이 실력만 가지고 성공하는 시대는 지났다. 아티스트도 돈과 연결되는 기획력이 있어야 하고 계약서 작성에 선수가 되어야만 살아남을 수 있다. 순진한 아티스트들이 실패하는 요인은 비즈니스를 등한시하기 때문이다. 상대를 압도하고 지구상에 없는 새로운 것을 찾고 만들기란 쉽지 않다. 설령 그것이 있다 할지라도 결국 스스로를 포장하고 알리고 관계를 맺어 나가지 못하면 인정을 받을 수 없다.

나는 낸시 랭을 만나고 나서 언론에서 봐 왔던 그녀의 이미지를 지웠다. 그것은 그녀의 핵심 역량과도 일치했다. 방송과 지면을 통해 그녀의 핵심 역량을 규정하라고 하면 거리낌 없는 추진력이 될 수 있지만 직접 만나 보면 그녀의 핵심 역량은 친화력이라고 평가하게 될 것이다.

그녀를 만나고 나면 헤어지기 전에 대부분 친한 언니나 오빠, 동생 관계가 형성된다. 그녀는 사람과 사람 사이의 간격을 좁히는 데 천부적이다. 그것이 의도적이거나 계산된 행동이라는 인위적인 냄새를 풍기지 않는다. 주위의 낸시 랭을 만난 다른 사람들도 그녀의 친화력에 혀를 내두른다. 그 친화력이 바로 대중 속으로 파고드는 예술을 낳았고 비판과 악플 속에서도 그녀를 지탱해 주는 힘이 되었다. 팝 아티스트의 길을 걸으려면 아무래도 대중과 아티스트 자신을 연결시켜 주는 매체의 힘을 빌려야 한다. 팝 아트의 대가였던 앤디 워홀(Andy Warhol)처럼 그녀도 매스미디어를 끌어들이고 매스미디어를 활용하는 방법을 알고 있다. 사교적이며 친화적인 대인 관계가 그녀의 핵심 역량인 셈이다. 그 방면에서는 귀재였다. 그들은 스타들을 활용할 줄 알았고 대중적이었으며 자신을 상품화하는 데 거리낌이 없었다.

: 약점이 아닌 강점에 집중하라

세계 경제는 불확실성의 시대, 격변하는 환경에 직면해 있다. 핵심 역량은 비단 기업에만 적용되는 것이 아니다. 각 개인 또한 자신의 핵심 역량을 찾아내고 부단히 연마해야 한다. 핵심 역량을 찾고 계발하기 위한 몇 가지 단계가 있다.

첫째, 스스로에게 질문을 던져 핵심 역량을 찾아라.

"내가 경쟁하고 있는 대상은 누구인가?"

"내가 가진 핵심 역량은 무엇인가?"

"핵심 역량을 강화하기 위해 보완해야 할 점은 무엇인가?"

성공하는 사람은 확실한 핵심 역량을 가지고 있다. 치열한 경쟁 환경에서 개인이 살아남기 위해서는 핵심 역량이 무엇인지에 대해 확실한 분석과 그에 대한 대책이 필요하다. 여기에서 말하는 개인의 핵심 역량이란 인맥·능력·경험·지식·리더십 등을 의미한다. 그러나 대부분의 사람들은 자신의 핵심 역량을 잘 모른다. 이럴 때일수록 자신의 핵심 역량이 무엇인지 스스로에게 끊임없이 질문해 답을 찾아야 한다.

핵심 역량 찾기에서 실수하는 것 중의 하나는 '내가 뭘 하고 싶은가'와 '내가 뭘 잘했나'의 판단 오류를 범하는 것이다. 비전은 미래에 있지만 핵심 역량은 과거에서 찾아야 한다. 핵심 역량의 경쟁 판도는 나무열매에 해당하는 최종 제품이 아니라 눈에 보이지 않는 뿌리에 따라 결정된다. 또한 핵심 역량은 하나일 필요가 없으며 주변 환경의 변화에 따라 변화할 수 있다.

둘째, 핵심 역량을 발전시킨다.

세계 3대 컨설팅 회사인 베인&컴퍼니의 이사 제임스 앨런(James Allen)과 크리스 주크(Chris Zook)는 이러한 질문을 던졌다.

"어떤 회사는 지속적인 수익을 올리며 성장하는데 어째서 어떤 회사는 훨씬 좋은 조건을 가지고도 그렇지 못한가?"

지속적인 수익을 올리며 성장하기 위해서 그들이 제시한 해법은 '핵심에 집중하라'는 것이다. 경영자들이 저지르기 쉬운 대표적인 실수 중의 하나가 바로 핵심을 잊어 버린다는 것이다. 대부분의 경영자들은 잘 되는 핵심 사업에 집중하기보다 오히려 회사의 성장을 위해 성과가 부진한 사업에 노력을 기울인다. 그러나 세계 반도체 1위 기업인 인텔은 지속적으로 연구 개발에 더욱 투자하고 유통망을 강화하며 후발 주자의 견제를 막기 위해 제품 차별화 등을 시도해 핵심 사업을 키웠다.

조사에 의하면 성장하는 기업 중에서 여러 사업 분야를 망라한 복합 기업은 거의 없었으며, 그들은 놀랍게도 1개 내지는 2개의 핵심 사업에서 주도적인 위치를 차지하고 있었다. .

Chapter 6
지독한 경쟁 정글에서 살아남기

당신 자신만의 고유한 업적에 접근하려는 자들에게는 어느 정도 울타리를 쳐두지 않으면 안 된다. 그래야만 명성을 지키고 남에게 신뢰받을 수 있다. 손바닥 안쪽을 보여 주지 않는 것이 인생 그리고 정복의 철칙이다.

_ 그라시안(Balthasar Gracian), 스페인 작가

: 정치는 하되 정치적이지는 마라

설령 당신이 아무리 능력이 뛰어나고 우수해도 개인으로서 한계가 있을 수밖에 없다. 순진하게 정치란 행위의 본질을 이해하지 못하면 토사구팽당하거나 실력이 있어도 그 능력에 맞는 대우를 받을 수 없는 이유도 모두 정치력의 부재 때문이다.

조직에 있다 보면 1등이라는 존재는 존경의 대상이 되기도 하지만 누군가로부터 질시의 대상일 될 가능성도 크다.

'블루오션'을 설파했던 김위찬 교수의 말을 들어 보자.

젊음과 기술은 언제나 연배와 기만을 자신의 편으로 설득할 수

있다. 사실인가? 그렇지 않은가? 그렇지 않다. 심지어 가장 뛰어나고 현명한 사람도 정치성과 음모, 책략에 감쪽같이 산 채로 잡아먹힌다. 조직 정치는 기업이나 공공 부문의 피할 수 없는 현실이다.*

『삼국지』를 10번 이상 읽은 사람과는 친해지지 말라는 말을 들어 보았을 것이다. 과거 『삼국지』를 비롯한 『수호전』, 『손자병법』, 『정관정요』 같은 책들이 권모술수에 대해 적나라하게 다루었기 때문일 것이다. 정본 『삼십육계』를 보면 20번째 계략으로 '혼수모어(混水摸魚)'를 들고 있다. 혼수모어는 혼란한 틈을 타 기회를 잡아 이익을 얻는다는 것이다. 이 술책에 능했던 사람들은 모두 범인을 뛰어넘는 인내심을 가지고 있다. 그래서 간웅이 아니고서는 쓸 수가 없는 술책이 바로 이것이다. 세상은 유비를 걸출한 정치 인물로 부각시키고 있다. 그러나 눈물은 흘려도 피는 흘리지 않았던 영웅은 실제로는 혼수모어의 고수였다. 이러한 부류의 사람들은 소유욕이 강하고 보복심도 유별나 "내 친구가 아니면 곧 적이다."라는 생각을 지닌 채 남들과 쉽게 적대 관계를 맺는다. 히틀러가 솔직하게 털어놓은 말이 있다.

"지배할 수 있는 것은 영원히 점유한다. 점유할 수 없을 경우에는 아낌없이 없애 버린다."

이는 역설적으로 조직 정치의 중요성을 일깨우는 말이기도 하다. 정치가 배제된 조직은 지구상 어디에도 없다. 오히려 『삼국지』와

---

* 김위찬, 강혜구, 『블루오션 전략』, 교보문고, 2005, p.225.

같은 사례처럼 동양 문화에서 조직 정치를 의도적으로 폄하했을 뿐이다. 조직 정치는 효과적인 리더십의 한 요소이다. 조직 정치를 긍정적으로 대하는 글로벌 기업에서는 조직 정치는 더 높은 성과를 내고 싶은 노력으로 이해한다. 「비즈니스 위크」가 선정한 세계 최고의 리더십 연구 개발 기관인 'CCL'도 정치력이 높은 리더가 대인 관계가 좋고 팀의 성과도 좋게 나타났다고 했다. 앞으로는 조직 정치를 긍정적으로 받아들이고 그에 필요한 스킬을 배워야 할 것이다.

: 최고의 정치력은 리더십이다

30대 초반의 혈기 왕성한 네덜란드의 동물 행동학자 프란스 드 발(Frans de Waal)은 1976년 침팬지들이 맺고 있는 사회성과 관계성을 구체적으로 관찰하기로 결심한다. 그래서 네덜란드 아넴 지방에 있는 부르거스 동물원 야외 사육장 안으로 들어간다. 그리고 그곳에서 놀라운 결과를 기록해 1982년 『침팬지 폴리틱스(Chimpanzee Politics)』라는 한 권의 책을 펴낸다. 당시 이 책은 세계적인 반향을 일으키게 되는데, 주된 내용은 침팬지들이 소름끼칠 정도로 고도의 정치 기술을 갖고 있다는 것이었다. 한마디로 침팬지들이 인간들만의 행위라고 알려진 싸우고, 사랑하고, 견제하고, 눈치를 보는 일련의 고등 정치 행위를 펼치고 있었다.

프란스 드 발은 책을 마무리하면서 인간과 침팬지의 정치의 차이는 '드러내지 않음'과 '드러냄' 뿐이라고 했다. 인간은 권력에 대한 끓어오르는 열망이 있어도 그것을 은폐할 줄 알고 침팬지는 자신의 욕망을 노골적으로 드러내는 것이 특징이다.

정치는 국회에서만 펼쳐지는 것이 아니다. 가정에서도 학교에서도 직장에서도 정치는 끊임없이 진행형으로 이루어지고 있다. 그 정치를 들여다보면 지지자와 경쟁자가 있고, 서로의 이익을 위해 투쟁과 화해를 반복해 나간다.

인류의 직업 중 가장 오래된 것 중의 하나가 매춘이라고 알려져 있다. 하지만 정치의 기원은 인류 이전에 있었다는 사실을 알아야 한다. 정치의 기원이 인류의 역사보다 더 오래되었다는 것이다.

외국계 기업 여성 임원들의 모임인 LWHR이 있다. 이 LWHR의 회장을 역임했던 이영숙 대표도 그런 말을 한 적이 있다. 여성들이 직장에서 놓치는 부분 중에 하나가 바로 정치력이라는 것이다. 회사를 일만 열심히 하면 승진하고 연봉이 오르는 엘리베이터처럼 생각하는 경향이 있는데 그것은 '천만의 말씀'이라는 것이다. 그녀의 저서 『새로운 도전이 만드는 나의 브랜드 가치』에 조직 정치의 중요성이 설파되어 있다.

"24명 정도 참석했던 대기업 상무 승진자들에게 '정치'란 단어에 대한 그들의 첫 느낌이 어떤 것인지에 대해 질문한 적이 있다. 아무거나 머리에 떠오르는 것을 말하게 하고 나는 그들이 말하는 단어를 그대로 플립차트에 적었다. 그때 나왔던 것들은 대체로 이랬다. 사기, 모략, 술수, 부도덕성, 기회주의자, 새치기, 등치기, 이기주의자, 타인에 대한 무관심, 지나친 욕심 등 어느 것 하나 긍정적인 것이 없었다. 그 단어들은 '정치'에 대한 우리의 일반적인 인식을 그대로 드러내 주었다."

조직 정치에 있어서도 정치란 인식과 크게 다르지 않았다고 한다. 일종의 필요악처럼 대하는 태도가 역력했다고 한다. 국내의 이러한 인식과는 달리 글로벌 기업들은 오히려 조직 정치를 교육 과정에 포함시켜 핵심 역량으로 간주하고 있다. 마치 한국에서 로비가 사회적 인식도 좋지 않고 불법인 반면에 외국에서는 다양한 사회 구성원들의 의지, 표현으로 보고 일정 부분 합법화시킨 것과 일치하는 면이 있다. 자본주의와 기업의 역사가 오래된 서양에서 조직 정치가 핵심 역량이라고 간주한 것은 앞으로 글로벌화를 지향하는 우리들에게 시사하는 바가 크다.

톰 피터스는 "정치를 좋아하지 않으면 아무것도 이룰 수 없고 리더가 될 수도 없다."고 했다. 정치란 근본적으로 사람을 통해 일하는 기술이기 때문이다. 정치의 긍정성에 주목해야 한다. 조직 정치, 이 말을 외면하고 살다 보면 언젠가는 그 희생양이 되어 있을 것이란 건 불을 보듯 뻔하다. 1등을 하고도 실적과 평판 그리고 승진에서 제대로 된 대접을 받지 못한다면 그것은 순전히 당신의 잘못이다.

Part **04**

감성으로
무장하라

Chapter 1
아무리 추워도
꿈은 얼지 않는다

나는 하루 중 98퍼센트는 내가 하는 일에 긍정적인 생각을 한다. 그리고 나머지 2퍼센트는 어떻게 하면 매사에 긍정적이 될 수 있을까 궁리한다.
_ 릭 피티노(Rick Pitino), 전 NBA 보스턴 셀틱스 감독

∷ 긍정의 힘

"당신은 오늘 행복과 불행 어느 것을 선택했습니까?"

2007년 미국 LPGA는 멕시코 출신의 로레나 오초아(Lorena Ochoa)의 세상이었다. 그녀의 독식에 한국 선수들이 줄줄이 준우승에 머무는 경우가 허다했다. 골프 여제 애니카 소렌스탐(Annika Sorenstam)을 잇는 오초아는 2008년 첫 출전 대회에서도 우승으로 화답했다. 올 시즌 LPGA 투어의 판도는 '오초아와 그의 적수들'이 될 것이라는 전망이다.

한 언론이 올해 세 차례 대회에 출전해 모두 우승을 차지한 타이

거 우즈가 전승을 거둘 가능성이 있느냐고 묻자 오초아는 주저 없이 "가능하다."고 잘라 말했다.

"무엇보다 전승이 가능하다고 믿는 게 중요하다. 나 역시 대회에 나갈 때마다 우승할 수 있다고 주문을 건다. 이제 시즌 초반이지만 하나씩 우승 트로피를 챙겨나갈 것이다."

물론 한 선수가 모든 경기에서 승리하기란 불가능하다. 하지만 그 불가능에 도전하겠다는 긍정적 의지가 어떻게 해서 LPGA의 정복자로 우뚝 섰는지를 잘 대변해 주고 있다.

웅진그룹의 윤석금 회장은 세일즈맨들 사이에서 신화적인 존재다. 대학 졸업 후 한국 브리태니커의 영업 사원으로 입사하여 1년 만에 전 세계 세일즈맨 중에서 가장 우수한 사람에게 수여하는 '벤튼상'을 받을 정도로 발군의 실력을 과시했다.

세일즈맨 경험은 그의 인생관을 송두리째 바꿔 놓았다. 그는 세일즈맨 생활을 하면서 처지를 비관하던 생각을 버리고 스스로를 180도 바꾸었다. 긍정적인 생각과 밝은 얼굴로 고객을 만나야 책을 팔 수 있었기 때문이다. 이리저리 발품을 팔며 땀이 뻘뻘 나는 한여름 더위에 그는 "내 몸 안의 노폐물이 다 빠지고 있으니 얼마나 좋아."라고 생각하며 이 또한 긍정했다.

장미에 가시가 붙어 있다고 불평할 것인가? 아니면 가시에 장미가 붙어 있다고 좋아할 것인가? 긍정은 마이너스 사고에서 플러스 사고로의 전환을 의미한다. 그리고 이를 철저하게 DNA에 각인시켜야 한다.

: 부정적인 사고로부터 탈출하라

그는 외모 콤플렉스가 심했다. 그는 대학교 때 사법고시·외무고시·행정고시 3개 고시를 합격했다. 그리고 서울대 법대를 수석 졸업했다. 그는 졸업 후 부모님에게 큰 절을 올렸다. 이유는 조금 못난 외모 덕에 그저 공부에만 전념할 수 있게 해 주어 감사하다는 의미였다. 그는 바로 고승덕 변호사다.

의식을 지배하지 못하면, 다시 말해 플러스가 되는 사고를 하지 않으면 우리는 언제나 우울증 내지는 자신감 부족의 질병에 시달리게 된다. 사람들은 쉽게 부정에 빠져든다. 사건이나 현상을 바라보는 두 가지 선택 중 하나이기 때문이다.

긍정은 천성이 아니라 후천의 의식적인 행동이다. 심리학자들은 흔히 비관적인 태도를 성향의 문제로 보기보다는 두려움과 무지에 그 심층적 원인이 있다고 본다. 그리고 비관적 성향들은 남을 비판하고 잘못한 일을 지적하는데 중요한 시간을 허비한다. 미국의 사상가 랠프 월도 에머슨(Ralph Waldo Emerson)은 프런티어 정신 중에서 괜히 여기 저기 기웃거리며 다른 사람이 저지른 실수를 책망하고 그 사람의 잘못을 비난하는데 자신의 영혼을 낭비하지 말라고 조언한다. 정말로 바로 잡아야 할 유일한 사람은 당신 자신이라고 주장한다.

부정적인 사고로부터 탈출하는 방법은 간단하다. 먼저 부정적 소식을 전하는 매체의 노출을 피하면 된다. 부정적 뉴스는 부정적

정서를 높이기 때문이다. 담배를 피우는 것은 분명 건강에 나쁘지만 담배를 피우면서 오히려 건강을 염려하는 것이 훨씬 더 건강에 해롭다. 차라리 담배를 피우는 동안에는 아무 생각 없이 담배 피우기를 즐기면 된다. 연애를 하면 헤어질 것을 걱정하고 술을 마시면서 알코올 중독을 생각하고 일도 하기 전에 잘못될까 고민한다면 그보다 더 구조적인 불행은 없다. 또한 자신에게 부정적인 정서를 높이는 대상이나 사람과 부딪치는 것도 최소화한다. 자신에게 짜증을 불러일으키는 사람이 있다면 그와의 접촉 빈도를 줄이는 것도 좋은 방법이다.

: 무의식을 지배하라

침대에서 깨어 보니 아버지의 눈가에 눈물이 맺혀 있었다. 그는 육군 소위로 훈련 도중 수류탄 사고로 한 손을 잃었다. 그는 장군의 꿈을 버리고 영문학과에 입학해 멋지게 살겠다고 아버지에게 약속했다. 하지만 현실은 녹록지 않았다. 면접 시험을 볼 때마다 장애자라는 이유로 떨어졌다. 하지만 그는 굴하지 않고 장애를 숨기고 면접 시험을 보던 중 당당하게 장애 사실을 밝히며 "손으로 일하는 것이 아니라 머리로 일하는 것이 아닙니까?"라고 맞섰다. 이에 한 여성 면접관이 지금 한 말을 영어로 해보라고 하자 자신있게 대답했다. 그리고 며칠 후 합격 통지서가 날아왔다. 그 여성 면접관은 애경의 장영신(張英信) 회장 그는 마케팅계의 미다스 손으로 불리는 조서환 KTF의 부사장임이 밝혀진 것은 후일의 일이다.

조서환 KTF 부사장은 지금 이 자리에 서 있을 수 있는 것은 모두 '긍정의 힘' 덕분이라고 말한다. 그런 그였지만 막상 입사는 했지만 직장 생활이 순탄했던 것은 아니다. 그에게는 매번 단순 업무나 바이어를 마중 나가는 일이 주어졌다. 그럼에도 좌절하지 않고 자신이 회사에서 가장 중요한 서류를 제일 먼저 보고 생생한 영어를 배운다고 긍정적 마인드로 임했다. 그리고 이후의 어떤 역경도 긍정의 힘으로 돌파했다. 이후 100여 개가 넘는 치약 시장에서 '2080 치약'으로 업계 정상에 오르며 30대 중반에 영국의 유니레버(Unilever), 미국의 다이알사(Dial Corp), 스위스의 로슈(Roche)에서 마케팅 임원을 역임했다. 이후 KTF에서 또 한 번 3세대(G) 시장을 여는 'SHOW'라는 서비스로 업계 정상을 선도하고 있다.

미국의 저명한 심리학자 섀드 헴스테터(Shad Helmstetter)는 통상 사람들은 하루에 깊이 자는 4시간을 빼고 20시간 동안 무의식적인 생각까지 포함해 5~6만 가지의 생각을 한다고 한다. 이는 한 시간이면 2,500가지, 1분에도 42가지 생각을 하는 셈이다.

그런데 문제는 이들 생각의 85퍼센트 가까이가 부정적인 생각이라는 점이다. 사람들이 무의식적으로 불신·번민·시기·질투·의심에 빠져들고 사건과 현상을 왜곡해서는 안 될 것이란 자기 암시만 준다.

긍정은 단순한 선택의 문제가 아니다. 긍정은 무의식을 지배하는 적극적 행위다. 스스로의 의식을 지배하지 못하고 내버려두면 후회하고 비난하다가 인생을 마감한다. 긍정의 의식화, 습관화는 한순간에 이루어지지 않는다. 반복적인 일이 모여서 우리를 만든다. 지그문트 프로이트(Sigmund Freud)는 3,000번 이상 세뇌할 때 실현된다고 주장했다.

: 긍정의 최종 목표는 행복이다

긍정의 약발이 떨어졌을 때 쓰는 절대 긍정법이 있다. 이는 컴퓨터의 리셋(Reset) 원리와 같은데 모든 것을 긍정할 수 있도록 초기화시키는 것이다. 지금 현재 당신이 어떤 불리한 상황이어도 이 한 방으로 긍정이 당신을 지배할 것이다.

현재 당신에게 가장 소중한 것을 열거해 보라. 가족, 친구, 사랑하는 사람이어도 아끼는 물건이어도 상관없다. 그리고 눈을 감고 그것이 죽거나 사라졌다고 상상해 보라. 어떤 기분이 드는가? 말로 표현할 수 없는 처참한 기분일 것이다. 그리고 천천히 현재의 모습으로 돌아오라. 그 소중한 것들이 다시 살아나 당신을 기다리고 있다. 이보다 더한 행복은 없을 것이다. 이는 데일 카네기(Dale Carnegie) 교육 과정에 있는 한 방법이기도 하다.

긍정을 일상생활 속으로 끌어들이는 단순 명료한 방법은 바로 거울을 보는 것이다. 거울 속에 비친 자신의 모습을 사랑해야 한다.

거울을 볼 때마다 한 번씩 웃어 주고 팬아메리카 미소라도 지어 보자. 팬아메리카 미소란 팬아메리카 항공(PAA) 승무원들이 손님들을 향해 웃는 다분히 상업적인 거짓 미소를 말한다. 그러나 이러한 억지 웃음이나 거짓 미소도 스스로에게는 위안을 준다. 호르몬 분비상 실제 웃음과 별 차이가 없다고 한다. 우리가 드라마나 영화 속에서 주인공들이 비극적인 상황에서도 웃는 모습을 보고 비현실적이라고 여겼지만 그렇게 하는 것이 도움이 되기 때문이다. 자연스러운 것이 좋지만 인생은 가끔 우리에게 부자연스러운 상황을 연출하게 만든다. 긍정의 의식화는 행복해서 웃는 것이 아니라 웃으면 행복해진다는 사실을 알게 되면서 시작된다. 심리학자 윌리엄 제임스(William James)는 사람은 행복하기 때문에 웃는 것이 아니라 웃기 때문에 행복하다고 했다.

미국 위스콘신-메디슨 대학교의 리처드 데이비드슨(Richard Davidson) 박사는 사람들의 심리 상태가 면역 반응과 깊은 연관이 있다는 실험 결과를 발표했다. 우리가 통상 건강을 염려할 때 술과 담배를 이야기하지만 그보다 더 무서운 발병 원인을 제공하는 것은 정신적 스트레스다.

자기애가 충만해야 자신의 눈으로 보는 세상과 사람들이 아름답게 보이게 마련이다. 긍정은 힘들고 지칠 때는 자신을 격려하고 타인의 실수를 보면 관대하게 여긴다. 또한 긍정하면 일이 순조롭게 풀린다. 긍정적인 생각은 상황 자체에 몰입하기보다 주어진 상황을 어떻게 극복하고 유리하게 변화시킬 수 있을지 고민하게 한다. 그래서 일이 잘 풀리면 정신 건강도 좋아진다. 이것이 긍정의 선순환으로 행복을 끌어들인다. 그리고 마지막으로 많은 사람들과 어울리면서 감사하는 마음을 잊지 말자.

Chapter 2

성공의 99%는
인간관계에 달려 있다

생산적이라는 것이야말로 올바른 인간관계에 대한 단 하나의 타당한 정의이다.
_ 피터 드러커(Peter Drucker)

: 마이바흐에 네모난 타이어 달기

현존하는 명차 중에서도 최고로 통하는 마이바흐(Maybach)는 2002년 제네바 모터쇼에서 데뷔했지만 이미 1930년대 독일에서 우수한 품질과 뛰어난 스타일로 각광받던 상징적인 존재였다. 마이바흐란 명칭은 메르세데스 벤츠 창업자인 고틀리에프 다임러(Gottlieb Daimler)와 함께 일했던 당대 최고의 엔지니어 빌헬름 마이바흐(Wilhelm Maybach)에서 유래한다.

마이바흐 차량은 1941년 이후 명맥이 끊긴 이후 메르세데스 벤츠에 의해 최고급 승용차의 타이틀로 60년 만에 부활하게 되었다.

최고급 승용차란 이미지에 걸맞게 마이바흐 구매 고객은 전담 매니저와의 개별 상담을 통해 고객의 특성과 취향을 반영해 한 해 1,000여 대만 맞춤식 주문 생산한다.

세계 최고의 이 명차에는 환상적인 칵테일 바와 18개 스피커의 서라운드 오디오 및 스크린을 갖추고 고객 취향에 맞추어 색과 재질을 선택할 수 있는 편의 장비 등 메르세데스 벤츠 고유의 다양한 첨단 기술이 동원되어 있다.

그런데 만약 이러한 세계 최고의 자동차 마이바흐의 바퀴가 네모나다면 어떨까? 다소 과장된 비유일지 모르지만 사회생활을 하다 보면 능력은 좋은 데 반해 성격이 모나 대인 관계에 서툰 사람을 자주 접하게 된다. 그리고 대다수는 대인 관계를 원만하게 해결하지 못해 능력을 발휘할 기회를 잃고 마는 경우가 많다. 사회는 관계의 산물인 데 반해 그런 사람들은 대체로 자신의 능력만 맹신한 채 타인과의 관계를 소홀히 하게 된다. 이는 결국 마이바흐에 네모난 타이어를 다는 것과 다름없다.

미국의 카네기 공대 졸업생 중 사회적으로 성공한 이들에게 성공 비결을 조사한 보고서가 있었다. 그들은 한결같이 성공의 핵심으로 한 가지를 강력하게 제시했다.

"전문 지식이나 기술은 성공하는 데 15퍼센트의 영향밖에 주지 않았다. 나머지 85퍼센트는 좋은 인간관계에 있었다."

심리학자 에이브러햄 매슬로(Abraham Maslow)도 아인슈타인·베토벤·링컨을 비롯한 위대한 인물 서른 명의 공통점을 15가지로 압축했는데, 첫 번째 덕목으로 꼽힌 것이 친밀한 인간관계였다.

한국은 미국보다 훨씬 더 인간관계가 복잡하고 중요한 의미를 갖는다. 미국에서 인간관계가 성공의 85퍼센트를 차지한다면 한국 사회에서는 99퍼센트라고 해도 과언이 아니다. 한국에서 인간관계는 사회생활의 핵심이며 인간관계를 어떻게 해 나가느냐가 개인의 능력과 됨됨이를 평가하는 기준이다.

: '미안하다'는 말을 많이 할수록 성공한다

미국의 고소득자가 가장 즐겨 쓰는 말은 무엇일까? 바로 "I am sorry"다. 소득이 높은 사람일수록 미안하다는 말을 즐겨 사용한다. 미국의 여론 조사 전문 기관인 조그비 인터내셔널(Zogby International)이 2007년 미국인 7,590명을 인터뷰한 결과를 보면 의미심장하다. 중요한 상대와 말다툼을 벌인 상황을 전제로 "자신이 잘못했다고 느꼈을 때 사과하느냐?"는 질문에 "그렇다."라고 답한 비율은 다음과 같다.

연봉	비율
100,000달러 이상	92%
75,000~100,000달러	89%
50,000~75,000달러	84%
35,000~50,000달러	72%
25,000~35,000달러	76%
25,000달러 이하	52%

이 결과가 의미하는 사실은 성공하는 사람일수록 자신의 실수에서 배우고 손상된 인간관계를 회복하는 데 적극적이라는 점이다. 사과가 자신의 경력에 흠이 되는 것도 아닌 데도 한국에서는 사과를 하면 경쟁에서 진 것처럼 인식한다. 또한 사과를 제대로 하지 않아 용서받지 못하는 사과가 되는 경우도 있다. 변명과 반론이 섞인 사과, 얼버무리는 사과, 타이밍을 놓친 사과, 몰랐다고 주장하는 등의 사과는 오히려 관계를 악화시킨다.

위기 상황에서 도망가는 비겁한 태도는 대인 관계의 뺑소니라고 할 수 있다. 또한 이러한 사태가 반복적으로 일어나다 보면 결국 대인 관계의 모래성 쌓기가 될 수 있다. 미안하거나 화가 났을 때 한 번쯤 10분 뒤와 10년 후를 동시에 생각해 보기 바란다.

: 마음에 안 드는 사람일수록 기꺼이 품어라

한국 사회에서는 인간관계를 맺고 발전시키며 유지하는 데 많은 시간과 노력이 필요하다. 그래서 비즈니스가 업무 시간에만 국한되지 않고 업무 이외의 시간까지 확대되는 경향이 있다. 글로벌 기업들이 한국에 들어와서 고전하는 한 원인이기도 하다. 그들에게는 합리적인 의사와 효율적인 시스템이 비즈니스의 핵심이기 때문에 무심코 한국적 특수성을 간과한다.

크리니티(Crinity)의 유병선(庾炳璇) 사장은 "복제가 자유로운 이 시대에 단 한 가지 카피가 안 되는 것이 있다면 바로 인간관계다."라고 말하며, 사업을 하면서 만난 사람들과의 관계가 지속적으로 유지되는 것이 비즈니스의 핵심이라고 주장한다.

최근 취업 포털 '커리어'는 직장인 1,473명을 상대로 '직무와 대인 관계 중 어느 쪽이 더 큰 스트레스 요인인가?'를 조사했다. 조사 결과는 응답자의 59.3퍼센트가 대인 관계 스트레스가 더 크다고 답했다. 스트레스 요인을 제공하는 사람으로 직장 상사(65.9퍼센트)가 가장 많이 뽑혔으며 이어 동료(38.1퍼센트), CEO(21.0퍼센트), 부하 직원(14.9퍼센트), 거래처 직원(9.9퍼센트) 순이었다.

대인 관계 스트레스의 주된 원인은 불합리한 업무 지시(54.1퍼센트), 잘못에 대한 책임 회피(42.3퍼센트), 모멸감을 주는 언행(30.1퍼센트), 안일한 업무 태도(28.8퍼센트) 순이었다.

사실은 대화를 통해 해결할 수 있음에도 한국의 수직적인 직장 문화로 인해 갈등의 골만 깊어지고 있다. 이와 같은 상황은 회사 생활에 흥미를 잃게 만들고 사람에 대한 신뢰를 훼손시킨다. 더욱 심각한 상황이라면 자신감도 잃고 퇴사까지 고려하게 된다.

반대로 조직의 리더가 되기 위해서는 사람을 품을 줄 알아야 한다. 당신이 길을 가는데 앞에 문이 있다. 그러면 보통 사람들은 문을 밀고 나가려 한다. 그것이 진행하는 방향과 움직임이 일치하기 때문이다. 인간관계도 마찬가지다. 싫은 사람이 있으면 피하고 싶은 것이 사람의 기본 심리다. 그러나 조금이라도 나와 맞지 않는다고 사람을 기피하다 보면 주변에 남을 사람은 많지 않을 것이다. 때로는 싫은 사람도 품고 가야 한다. 밀고 나가려는 문이 열리지 않으면 때론 당겨서 열어 보아야 한다.

조직이 잘 되기를 바라는 것은 모든 리더의 마지막이고 유일한 소망이다. 부하가 잘 되기를 바란다면 그러한 환경을 먼저 만들어 주어야 한다. 부하와 리더는 2인 3각 경기처럼 서로 한쪽 발을 묶고 달리는 존재다. 리더가 특별하지 않으면 부하도 평범할 수밖에 없다. 힘들면 같이 힘들고 쉬우면 같이 쉬워야 한다. 부하를 친구처럼 고객처럼 대하라. 그리고 그것을 말뿐이 아닌 행동에서 느낄 수 있도록 노력해야 한다.

사람들은 이해받기를 원한다. 그것은 직장 상사나 부하나 마찬가지다. 직장 상사를 탓하기 전에 다음 사항을 먼저 체크해 보자. 남의 탓만 하다 보면 직장 상사는 물론이고 먼 조상까지 들먹이며 인생을 탓할 테니 말이다. 여기에 당신의 과오가 있을 수 있다. 미운 상사 떡 하나 더 준다고 생각하고 다음의 체크 사항을 통해 자신이 먼저 개선할 부분을 찾아보자.

- 지시한 업무를 제대로 인식하지 못하고 안일하게 처리한 적 있는가? ☐
- 지시한 업무를 차일피일 미룬 적이 있는가? ☐
- 자신의 업무를 동료나 상사에게 미룬 적이 있는가? ☐
- 업무의 성과가 형편없던 적이 있는가? ☐

- 회식 자리에 자주 빠지고 개인적 행동을 자주 한 적 있는가? ☐
- 중간 보고가 없고 일의 진행 사항을 자주 보고하지 않은 적이 있는가? ☐

Chapter 3

다양성을 존중하는 리더십을 길러라

여기 모인 모든 사람들이 똑같다면 논쟁은 거의 사라지고 문제는 더욱 심각해질 것이다.
_ 이반 세이덴버그(Ivan Seidenber), 벨 애틀란틱 CEO

: 조직의 최대 경쟁력, 개인의 다양성

1인당 평균 연봉이 5억 7,000만 원에 육박하며 입사하기 위해서는 면접관 30여 명 전원의 OK 사인이 필요한 회사가 있다. 바로 월 스트리트의 인재 사관학교로 불리는 투자 은행 골드만삭스다.

골드만삭스의 최대 경쟁력은 다양성이다. 150여 개 국적의 인재들이 근무하다 보니 종교·문화·사고방식 등에서 천차만별이다. 이 회사에는 다양성 향상을 책임지는 전문가도 있다. 한 여성 인사 담당 임원이 임신을 했을 때에는 사무실 대신 자택 거실 소파에서 파자마 입고, 따뜻한 차를 마시며 일을 하도록 배려했다. 골드만삭스는 다양성을 지원하고자 직원 개개인의 각기 다른 상황과 요구를 적극 포용한다. 다양성 문화에서 소수는 차별받는 것이 아니라 오히려 대우를 받는다. 그래서 골드만삭스에는 여성 위원회, 아시아인 위원회, 게이&레즈비언 위원회와 같은 다양한 위원회가 있다.

골드만삭스가 다양성을 적극 지원하고 활성화시키는 것은 다양성을 회사의 핵심 경쟁력으로 인식하고 있기 때문이다. 따라서 직원 개개인의 문제에 대한 관심과 배려가 충분하다. 리더십도 이제 직원 개개인이 처한 환경과 성격에 대한 다양성을 이해해야 한다. 당근과 채찍은 직원이 처한 환경에 따라 달리해야 한다.

간단한 예를 하나 들어 보자. 명절이 되면 여기저기서 문자가 들어온다. 그런데 문자 내용을 살펴보면 나에게만 특별히 보낸 것인지 모든 사람에게 공통적으로 보낸 단체 문자인지 알 수 있다. 여기서 내게만 특별히 보낸 문자라고 인식하게 되면 반응은 달라진다. 특별한 대우와 관심을 받고 있다는 것을 느낄 수 있기 때문에 답장도 적극적으로 하게 된다. 그러나 역으로 모두에게 보내는 공통의 문자는 회신율이 급격히 떨어지는 경험을 해봤을 것이다.

개개인에 대한 맞춤형 리더십은 시간과 애정을 필요로 한다. 상사나 부하라는 단순 논리로 접근할 일이 아니라 부하도 부하 개개인의 특성에 맞게 관심을 갖고 커뮤니케이션해야 한다. 부하를 변화시키려면 우선 부하를 이해해야 한다. 부하의 환경·상황·성격까지 파악하고 난 후 상황에 맞게 대처해야 한다. A에게는 먹히는 리더십이 B에게 먹히지 않는다고 B를 탓할 일이 아니다.

전명규 감독은 선수들이 일주일 훈련을 끝내고 나면 선수 개개인이 일주일간 훈련한 성과를 분석해서 장단점을 일일이 편지로 써서 전달했다. 선수들의 개성을 존중하는 훈련 방법을 택한 것이다. 편지 쓰는 데만 몇 시간이 걸렸지만 이러한 노력을 게을리 하지 않았다. 또한 훈련 방식에 있어서도 선수 개개인의 특성을 살렸다. 천재형인 김동성 선수에 비해 전이경 선수는 운동선수의 몸이 아니었다. 전이경의 금메달은 철저한 노력으로 이룬 것이다. 개성을 존중한다는 것은 먼저 그 사람을 알아야 한다는 뜻이다.

: 리더십은 감성이다

회사나 조직이 큰 변화를 맞게 되면 직원들은 일단 두려움과 불안에 빠지는 감정 상태를 보인다. 구조 조정, 합병과 같은 기업의 변화에서 무시되어 왔던 것이 직원들의 감정 상태다. 이러한 이유로 기업의 변화가 실패한 사례가 빈번하다.

보스턴 컨설팅 그룹의 수석 부사장 지니 대니얼 덕(Jeanie Daniel Duck)은 회사와 조직에 커다란 변화가 나타날 때 감지되는 복잡한 인간 감정과 조직의 역학 관계를 '체인지 몬스터(Change Monster)'라고 명명하고, 이 체인지 몬스터를 잘 관리하는 것이 변화를 성공적으로 이끄는 길이라고 주장한다.

조직의 변화에서 체인지 몬스터는 중요한 정도가 아니라 지금 당장 필사적으로 해결해야 할 문제이다. 리더가 직원들의 감정 상태를 제대로 헤아리지 못하면 조직의 변화는 기대하기 어렵다. 쓸 만한 정보와 훌륭한 시스템이 있어도 본질적으로 사람을 움직이는 것은 감성이기 때문이다. 어리석은 리더들은 새로운 변화를 위한 프로세스만 잘 실행하면 좋은 결과가 나올 것으로 예상한다. 하지만 실적이나 다른 자료들 이상으로 눈에 보이지 않는 감정의 변화를 무시하면 일을 그르치기 십상이다.

우리가 흔히 카리스마와 리더십을 혼동하는 경우가 있다. 카리스마는 리더십 가운데 하나일 뿐인데, 종종 강력한 카리스마를 추종하는 리더들이 있다. 과거의 리더십은 군대 문화가 이식된 지배와 다름없었다. 리더십이 지배와 다른 것은 그 기능을 수행하는 사람들의 자발성에 있다. 리더십에서 가장 중요한 과제는 자발적으로 사람들이 행동의 변화를 일으키도록 만드는 것이다. 그래서 전략, 시스템, 마케팅, 재무, 인사 조직 등의 하드 스킬(Hard Skill)도 중요하지만 조직 내에서 커뮤니케이션, 팀워크 등을 활성화할 수 있는 소프트 스킬(Soft Skill)이 더 절실하다. 핵심은 역시 사람의 행동이기 때문이다.

직장인들은 직장 상사를 평가할 때 능력보다 인간적인 느낌의 감성적 요인에 더 부정적인 반응을 나타낸다. 이것은 리더의 능력에 대한 신뢰보다는 감정적으로 싫어서라는 증거다. 이는 리더십에 균형 감각을 갖추라는 신호이다. 경영학자 퀸(Quinn)은 리더십의 스타일을 관계 지향, 혁신 지향, 관리 지향, 성과 지향의 네 가지로 분류

했다. 네 가지 모두를 균형 있게 수행해야 하는데 한국의 리더들은 성과 지향으로 지나치게 편중되어 있다. 따라서 창의와 네트워킹이 필요한 혁신 지향과 팀워크와 배려를 필요로 하는 관계 지향의 리더십도 간과해서는 안된다.

일 중심으로 직원들을 몰아가면 단기적으로는 성과를 내겠지만 장기적으로는 사람을 지치게 만들고 인재도 키울 수 없다. 설문 조사에서 감성 관리자의 역할을 필요로 한다는 수치가 높게 나온 것이 이를 대변하고 있다. 따라서 직원 개개인에 대한 관찰을 통해 배려와 관심을 기울여야 한다. 리더에게는 관찰력이지만 부하에게는 관심이라고 느끼게 만들어야 한다.

: 관리자가 아닌 후원자가 되어라

개방화된 정보 사회 덕분에 요즘 젊은 직원들은 자신의 주장도 강하고 매우 현실적이다. 따라서 시키려 드는 순간 실패를 자초하게 된다. 리더는 시키는 존재가 아니라 부하가 자신의 길을 뚫고 노력할 수 있도록 경험자로서 충실한 코치 역할을 해야 한다.

LG 경제연구원에서 직장인 843명을 조사해 발표한 '대한민국 직장인 리더십 진단' 을 보면 우리나라 직장인들의 직장 상사에 대한 리더십 만족도는 100점 만점에 44.1점을 기록했다. 리더십이 직장 만족, 팀워크, 이직 등에 큰 영향을 미치는 중요성을 감안한다면 리더십의 위기라고 할 만하다.

　이와 같은 리더십의 위기는 기존 리더들이 조직을 무작정 관리하려고만 했기 때문이다. 이 시대가 원하는 리더는 관리와 통제를 하기보다는 지원하는 스폰서 역할을 해야 한다. 서번트 리더십(Servant Leadership)이 부각되는 이유도 리더가 더는 관리자가 아닌 후원자가 되어야 하는 트렌드를 반영하고 있다.

　일전에 인터뷰 건으로 구글 코리아의 박정현 상무를 만난 적이 있다. 그녀에게 구글 코리아도 미국 본사처럼 구내식당 음식이 맛있냐고 물어보자 자신을 포함한 많은 직원들의 체중이 평균 5킬로그램이 늘어났다는 답변이 돌아왔다. 그녀는 해외 본사에서 직원들에게 필요한 것이 무엇인지 인터뷰를 해서 복지에 반영하기 위한 글로벌 팀을 운영하고 있다. 보통은 회사에 필요한 것을 요구해도 잘 들어주지 않는 것이 일반적인데 이 글로벌 팀은 전 세계 구글 지사를 돌아다니며 해당 지사의 요구 사항을 적극적으로 반영하고 있다. 그녀는 이러한 회사에 대한 애정과 신뢰도가 깊었다. 한마디로 직원들이 이렇게 좋은 직장을 두고 어디를 가겠느냐는 것이다.

　리더십은 육아와 같다. 일정 시기까지 아이가 자라면 부모의 역할을 스스로 조금씩 줄여 나가야 아이가 강하게 성장하듯 조직이 성장하려면 조직 스스로 이끌어 나갈 수 있도록 해야 한다. 가장 훌륭한 리더십은 리더십을 펼치지 않는 것이다. 다시 말해 싸우지 않고 이기는 것이 최고의 장수인 것처럼 직원들 스스로 리더가 없어도 운영되는 자발적인 시스템이 갖추어지도록 기회와 환경을 만들어 주라는 것이다.

상사는 부하 직원들에게 100점을 기대하지 말고 70점 선에서 인내심을 갖고 용서하는 자세를 가져야 한다. 대신 권한을 주되 엄정하게 책임을 묻는 리더십을 지향해야 개인은 물론 조직이 성장할 수 있다.

: 최고의 대화술은 경청이다

삼성카드의 유석렬(柳錫烈) 사장은 금융계의 소방관으로 통한다. 문제가 있는 기업에 취임해서 부실을 털어내고 흑자로 전환시키는 데 일가견이 있기 때문이다. 그가 삼성카드에 전격 투입되었을 때 제일 먼저 한 일은 커피숍에서의 개인 면담이었다. 그러나 지하에 위치한 커피숍에 가도 직원들이 슬슬 피하는 것이었다. 그래서 그는 전략을 바꿔 커피숍에만 가면 골든벨을 울려 직원들의 커피값을 전부 계산했다. 그러자 직원들이 몰려들기 시작했다. 허물없이 그들과 속을 터놓고 이야기한 결과 최대한 직원들의 의견을 수렴 반영하여 한국 생산성 본부, 한국 표준 협회, 한국 능률 협회가 주관한 3대 고객 만족도 조사에서 1등을 차지했다. 그는 모든 공을 힘든 상황에서 최선을 다해 준 직원들 덕분으로 돌렸다.

경청은 귀가 하는 일이 아니라 믿음, 존경, 관심 그리고 정보의 공유에 관한 것이다. 성공한 사람들은 말하기보다 듣기의 중요성을 잘 알고 있다는 공통점이 있다. 그들은 충분히 듣고 상대방이 자신을 완전히 신뢰하게 만든 후에야 설득한다.

세계적인 생활용품 회사 P&G의 CEO A.G. 래플리(Lafley)는 대화에서 상대방의 말을 듣는 데 3분의 2를 할애하라고 한다. 그가 P&G의 CEO가 되자 무명이었던 그에 대한 우려와 걱정으로 회사 주가가 떨어지고 비난의 목소리가 들렸다. 그는 가장 먼저 직원들과 허심탄회한 대화를 나누었고 자신의 대화 원칙대로 3분의 2는 듣고 거기에 답변했다. 그리고 반대편의 말에도 귀를 기울였고 결국 그들을 자기편으로 끌어들였다.

정치권에서 민심을 얻어야 천심을 얻는다고 하면 비즈니스에서 리더는 부하의 마음을 얻어야 조직을 발전적으로 이끌 수 있다. 리더십에서 경청은 이러한 과정의 시작이다.

Chapter 4

고객 가치를
경영하라

고객을 만족시켜라. 처음에도, 나중에도, 그리고 항상!
_ 루치아노 베네통(Luciano Benetton), 베네통 회장

: 고객과 친구가 되어라

된장찌개를 파는 두 식당이 있었다. 한 곳은 줄을 서서 먹어야 할 정도로 사람들이 붐비는 반면 다른 한 곳은 시쳇말로 파리만 날리고 있었다. 한 기자가 이 점이 궁금해서 장사 잘 되는 된장찌개 집 주인에게 물었다.

"왜 사장님 가게는 장사가 잘 되고 옆집은 파리만 날리는 건가요?"

그 사장의 대답이 걸작이었다.

"글쎄요, 옆집과 저희 가게가 업종이 다른 것이 아닐까요. 옆집

은 된장찌개를 팔지만 저희는 서비스를 팝니다."

　예전에 서울에서 날고 긴다는 장사꾼들을 취재한 적이 있었다. 모두 일곱 명의 장사꾼들로 업종은 제 각각이었지만 모두가 한 곳에서 10년 이상 장사를 하면서 번창한 사장님들이었다. 나는 고수들에게 본질의 의미를 물어보곤 한다. 기획자에게 기획이 무엇이냐고 물어보는 이치와 같은데 여기서의 답변이 매우 중요하다. 일곱 명을 취재하고 막바지에는 항상 똑같은 질문을 던졌다.

"사장님이 생각하는 서비스란 무엇인가요?"

　서비스업에 종사하는 사장에게 서비스를 물어본 것은 나름의 이유가 있었다. 서비스란 말 자체가 외래어로 과연 이 말을 어떻게 자신만의 정의로 재해석해서 사업에 적용하고 있느냐는 것이다. 일곱 명 모두 3차 산업인 서비스업에 종사하고 있었기 때문에 무엇보다 서비스에 대한 철학이 궁금했다.

　그런데 이 일곱 명의 고수들에게서 들은 대답이 한결같았다는 데 충격을 받았다. 문맥의 차이는 있지만 이들이 말하는 서비스는 '항상 고객과 친구가 되기 위한 노력'으로 정의하고 있었다. 고수들의 서비스란 고객에게 미소 짓는 것이 아니라 바로 고객이 그들에게 미소 짓게 만드는 것이었다.

: 멋진 경험을 선물하라

"맥도날드는 햄버거를 파는 회사입니다. 그렇다면 디즈니는 무엇을 파는 회사일까요?"

디즈니에 입사하면 교육 교관들은 오직 한 문장을 경구처럼 암송하라고 가르친다.

"디즈니는 고객의 꿈을 서비스합니다."

일찍이 모토로라의 CEO 에드워드 잰더(Edward Zander)는 앞으로 기업의 성공 여부는 소비자에게 멋진 기기가 아닌 멋진 경험을 줄 수 있느냐가 비즈니스의 관건이 될 것이라고 했다. 멋진 경험은 눈에 보이지 않지만 그 어떤 것보다 고객의 마음을 사로잡고 감동을 준다. 눈에 보이지 않기 때문에 큰 비용이 들지도 않는다. 대신 친절한 마음과 부지런한 육체만 받쳐 주면 된다.

틈새라면의 모태인 라신홀딩스 법인을 세우고 강남역에 1호점을 냈을 때 나는 벤처 정신에 입각해서 기존의 음식점과는 다른 서비스를 내놓겠다는 사명감에 불탔다. 솔직히 분식집에서 기대할 수 있는 서비스는 분명 백화점이나 호텔에서 제공받는 서비스와는 본질적으로 다르다. 백화점에는 백화점에 맞는 서비스를, 분식집에는 분식집에 맞는 서비스를 제공하면 된다. 이는 고객의 입장에서 생각해 보면 답은 명쾌하다.

초기 라신홀딩스에서 내건 브랜드는 레드#(레드샤프)였다. 해외 진출을 염두에 두고 브랜드를 생각하다 보니 먼저 외국인들이 발음하기 쉬워야 했다. 틈새라면 같은 경우 '틈'이라는 단어에 받침이 있어 발음하기 어려웠다. 그리고 한국 음식의 대표성을 논하자면 고추를 빼놓을 수 없었고 틈새라면의 빨계떡에도 고추는 단연 핵심이었다. 그리고 젓가락 문화를 상징하는 의미에서 젓가락을 두 개 포개 놓은 듯한 #(샤프)를 붙여 레드샤프라는 브랜드를 탄생시켰다. 우리는 레드샤프에 맞는 레드샤프만의 서비스를 개발하고자 했다.

라면을 먹으려면 당연히 젓가락이 중요했다. 직원들과 아이디어 논의를 하다 당구장에서 힌트를 얻었다. 당구장에 가면 단골 고객들에게는 전용 당구 큐대가 따로 보관되는데, 여기에 착안해 10번 이상 온 고객에 고객의 이름을 새긴 전용 젓가락을 제공하기로 했다. 젓가락에 이름을 새기는 것은 어렵지 않았다. 방산시장에 가면 레이저로 간단하게 새길 수 있었다. 전용 젓가락 서비스를 홍보하는 포스터를 붙이고 고객들에게 설명을 했다. 그러면서 젓가락 종류도 다양화했다. 여성 고객들이 많다 보니 예쁘고 아기자기한 팬시 같은 젓가락을 선보였다. 고르는 즐거움과 동시에 그녀들만의 전용 젓가락대가 설치되니 처음 온 손님들도 재미있다는 반응과 함께 어떻게 하면 전용 젓가락을 가질 수 있는지 문의가 뒤따랐다. 단골 고객들은 친구를 데려올 때 전용 젓가락을 자랑하기도 했다. 그리고 이 작은 서비스가 히트해서 수많은 매스컴의 주목을 받게 되었다. 이 서비스는 추후 확대되어서 밸런타인데이 때 커플들에게 서로의 이름을 새겨 선물용으로 젓가락을 팔기도 했다.

멋진 경험은 거대하고 대단한 것이 아니다. 일상에서 조금만 궁리하면 작은 감동들은 언제든지 제공할 수 있다. 고객의 눈으로 보라. 그러면 보이지 않던 새로운 시장이 보일 것이다.

: 고객의 응원 없이 1등은 없다

좋은 회사와 그렇지 않은 회사를 구분하는 절대적 기준이 있을까? 답은 간단하다. 그 회사에 근무하는 직원이 입에 침이 마르게 자기 회사를 칭찬하는지 아니면 불만을 토로하는지를 보면 알 수 있다.

세계적 컨설팅 회사 베인&컴퍼니는 충성스러운 고객과 기업 성장 사이에 연계성이 있음을 밝혀 냈다. 이른바 NPS(Net Promoter Score)로 '순추천 고객 지수' 라고 한다. NPS의 핵심은 "현재 상대하고 있는 회사를 친구나 지인들에게 추천할 의향이 얼마나 있는가?"를 묻고 이에 대한 대답을 수치로 이끌어 내는 것이다. 프레드 라이켈트(Fred Reichheld)는 『1등 기업의 법칙』에서 수치에 따라 고객을 추천 고객, 중립 고객, 비추천 고객의 세 분류로 구분했다. 그리고 기업이 성공하려면 회사와 지속적인 거래를 하며 추천 고객을 얼마나 확보하느냐가 사활이 될 것이라고 했다.

홍대의 분위기는 자유로움으로 표현될 수 있다. 비교적 다른 지역에 비해 개성이 넘친다. 길거리에서도 젊은 여성이 담배 피우는 모습을 쉽게 목격할 수 있다. 물론 몇 년 전만 해도 여성이 실외에서 담배를 피우는 것은 상상도 하기 어려웠다.

홍대에는 존경하는 괴짜 비즈니스 고수가 살고 있다. 개인적으로 비즈니스의 스승으로 모시고 있는데, 그는 고객의 심리를 읽어 내는 탁월한 능력의 소유자였다. 40대에 테이블 4개로 시작한 레스토랑에서 50대 중반에 수백억 원의 자산을 모은 데에는 이유가 있었다.

한번은 그분과 같이 홍대를 거닐고 있었는데 길거리에서 젊은 여성이 담배를 피우고 있었다. 보편적인 50대 중년 남성의 시각으로 보자면 얼굴을 찡그릴 만한 광경이었다.

"부모들이 저런 줄 아나?"라는 비아냥이 나이 든 한국 남자들의 공통적인 생각이다. 그나마 깨어 있다는 사람이 "세상 참 좋아졌다."라는 현실 타협성 발언이다. 그는 나에게 질문을 던졌다.

"저렇게 길거리에서 담배 피우는 여자들에게는 어떻게 팔아야 할까?"

난데없는 질문에 나는 조금 당황했다. 무엇을 파는 것도 아니고 어떻게 팔아야 하는가가 질문의 포인트였다. 처음에는 질문의 의도조차 제대로 깨닫지 못했다.

"홍대가 아무리 개방적이라고 해도 저렇게 길거리에서 담배를 피우기는 쉽지가 않아. 습관적으로 담배를 피우는 여자들은 대부분 실내로 가지. 저 여자에게 담배는 자신을 드러내는 하나의 기제야. '나는 반항적이고 고집이 세고 개성이 강하다. 그리고 기존의 형식과 관습에 얽매이지 않겠다.'라는 표현을 묵시적으로 담배를 통해 표현한 것이지. 소비자를 알아야 소비자에게 어떻게 팔 것인가를 알 수 있지."

그의 그 말 한마디 속에서 나는 새로운 깨달음을 얻었다. 무심코 대하던 사물과 사람들 속에서 그것이 내재하고 있는 본질을 비즈니스로 연결시키고자 하는 일련의 노력이 결국 그를 재력가로 만들었던 것이 아니었을까. 그는 지금도 젊은 친구들과 스스럼없이 어울리고 클럽 문화를 즐기는 자유인이다. 세대를 뛰어넘어 문화를 즐기면서도 한편으로는 자신의 사업에 지속적으로 핵심 소비자들의 니즈와 욕구를 반영하고 있었다.

한 번은 옆의 작은 카페에서 그에게 가격 인상을 건의했다고 한다. 가격이 주변의 다른 카페보다 훨씬 저렴했기 때문에 자신들이 가격을 높일 수 없다는 이유였다. 그러나 그는 단호하게 거절했다.

"우리가 상대해야 할 대상은 단 하나야. 바로 고객이지. 고객은 나를 비롯해 말단 직원까지 모두 해고할 수 있거든."

카페의 주체는 고객이고 지금껏 고객을 위해 서비스를 한 것이지 주변의 카페 사장들에게 좋게 보이기 위한 것이 아니라는 것이었다. 혹자는 '고객은 무조건 옳다.'고 주장한다. 그 이면에 숨겨진 의미와 고객의 중요성 때문일 것이다. 고객이라는 응원군 없이는 1등도 절대 없다. 고객이 당신의 부와 명예, 성공의 모든 키를 갖고 있다는 사실을 잊지 말자.

∶ 고객은 매순간 진화한다

닛산(日産) 자동차 디자인 센터에서는 독특한 실험을 한다. 젊은 남성에게 옷을 입히고 무릎보호대, 목보호대, 장갑, 선글라스 등을 착용시키고 심지어 지팡이를 주고 걷도록 시킨다. 모두 입고 나면 걷기는 물론이고 팔 하나 올리는 것도 힘들다. 이는 닛산이 10년 전부터 해온 노인 체험 운전복 실험이다. 이 실험은 급속한 고령화 사회로 접어든 일본 사회의 특성상 균형감 저하, 부자연스러운 신체, 과체중 노인 운전자들의 편의를 차량 설계에 최대한 반영하기 위해서다. 바로 이러한 고객을 위한 섬세한 배려가 일본차가 세계 시장을 석권할 수 있는 원동력이 되었다.

출판 시장은 4T를 이해해야 베스트셀러를 만들 수 있다. 4T는 'Target'(목표 독자), 'Trend'(트렌드), 'Timing'(출간 시기), 'Title'(제목)이다. 출판 기획서 양식에는 독자 분석이라는 부분이 있다. 그러나 이제 독자 분석이라는 말은 시대에 뒤떨어진 용어가 될 전망이다. 독자 분석이란 말이 한계를 규정하고 놓치는 면이 있기 때문이다. 독자란 말 그대로 책을 읽는 사람을 뜻한다. 그런데 책을 읽지 않고도 책을 사는 사람들이 있다. 읽지도 않을 책을 왜 사냐고 반문할지 모르지만 그런 경우가 의외로 많다.

한 예로 『체 게바라 평전』이나 『모리와 함께한 화요일』 같은 경우 책을 사놓고 절반 가까운 사람들이 책을 읽지 않았다고 한다. 이들의 도서 구매의 주요 포인트가 내용이 아닐 수도 있다는 분석이다. 다시 말해 내용 이외의 디자인, 제목, 시대적 유행 등이 중요하게 작용한 탓이다. 그래서 이제는 출판사에서도 독자 분석이라는 용어보다 소비자 분석이라는 말이 더 적합하다. 책이라는 문화 상품을 사는 사람들의 소비 심리가 다양하게 변화하고 있기 때문이다. 이처럼 고객은 하루가 멀다 하고 진화하고 있다.

스티븐 잡스는 상품 개발에 앞서 소비자를 대상으로 한 설문 조사를 실시하기는 하되 절대적으로 신뢰하지는 말라고 주문한다. 바로 일주일 전에 한 설문 조사에서의 소비자의 심리와 구매 욕구가 이미 달라져 있을 수 있기 때문이라는 것이다.

고객 서비스에 Best(최고)는 없다. 다만 Better(더 좋음)만이 있을 뿐이다. 진화하는 고객이 어떤 방향으로 나아갈지는 누구도 예측할 수 없다. 역으로 고객도 완벽한 서비스를 기대하지 않는다. 앤드루 카네기는 고객은 항상 새로운 것을 원하고 자신을 남과 비교함으로써 상대적 만족을 얻으려 하고 있다고 말했다. 따라서 고객이 무엇을 원하는지를 끊임없이 탐구해야 한다.

우리가 해야 할 일은 고객이 뭔가 잘못되었다고 판단했을 때 직접적이고 신속하게 해결해 주는 것이다. 이는 고객에게 맑은 날씨를 약속할 수는 없을지라도 비가 올 때 우산을 받쳐 주겠다는 고객 만족과도 같다.

Part 05
미래형 인간으로 거듭나라

Chapter 1
당신 인생에는 골대가 있는가?

위대한 인물에게는 목표가 있고 평범한 사람들에게는 소망이 있을 뿐이다.
_ 워싱턴 어빙(Washington Irving), 미국 작가

: 목표는 강력한 성공 엔도르핀이다

이 시대 최고의 축구 리그는 영국의 프리미어 리그이다. 박지성이 뛰고 있는 프리미어 리그의 명문 클럽 맨체스터 유나이티드에는 웨인 루니(Wayne Rooney)와 크리스티아누 호날두(Cristiano Ronaldo)가 버티고 있다. 그들은 스트라이커이므로 어떤 상황에서도 골을 넣어야 하는 것이 그들의 생존 이유다.

그런데 만약 그들이 공을 패스 받고도 공을 어디로 몰아야 될지 모른다면 어떨까? 다시 말해 축구장에 골대가 없다면 그들은 당황하고 허둥댈 것이다. 그런데 이러한 상황이 우리네 인생에서 심심찮게

벌어지고 있다.

스트라이커에게는 골을 넣어야 하는 목표가 있고, 사람들에게는 우리 인생을 어떻게 살아야 할지 목표가 있어야 한다. 그런데 많은 이들은 목표를 설정하고도 잊어버리거나 혹은 아예 목표를 설계하지도 않는다. 이러한 사람들이 직장을 다니면 불만이 많고 남을 비판하는데 열을 올리고 밤마다 술을 마시거나 집에 들어가 TV 드라마로 인생을 때운다.

목표는 강력한 엔도르핀을 제공한다. 이를 달성했을 때의 쾌감과 주변의 시선을 머릿속으로 충분히 그려 낼 수 있기 때문에 우리의 삶에 채찍질을 가한다. 목표는 당시에 반드시 이루어야 할 대상이기도 하지만 역설적으로 데드라인도 제공한다. 스스로가 약속한 시간이 다 가올수록 무언가 해야겠다는 일념이 점점 강해진다. 만약 뚜렷한 목표가 없었다면 아마도 스스로에게 많은 핑계와 변명으로 일관하며 현실에 만족할지도 모른다. 좀 더 경력을 쌓고 혹은 좀 더 자본을 모으면 혹은 좀 더 경기가 좋아지면 이런저런 핑계로 소중한 시간을 흘려보낼 것이다. 하지만 목표를 정하면 거기에 따른 역순의 일들이 정해진다. 중간 중간의 데드라인은 위기 의식을 심어 주고 설정한 목표를 돋보기처럼 확대시켜 주는 효과가 있다.

: 넥타이 매고 벤츠를 타리라

"어이! 두부 장수."라는 말을 듣고 분노를 느꼈던 때 그는 세 가지를 결심했다. 첫 번째는 '반드시 부자'가 되겠다는 것이다. 슈퍼마켓에서 자신을 업신여긴 애송이보다 돈을 더 많이 벌어 남들이 모두 부러워하는 삶을 살겠다고 결심했다. 두 번째는 두부 장수를 하더라도 넥타이를 매고 일하겠다는 것이다. 마치 얼굴에 "저는 두부 장수입니다."라고 써붙인 듯한 장사꾼의 모습이 아니라 두부 가게도 사업인 만큼 양복 정장에 넥타이를 매고 사업가다운 모습으로 일하기로 결심했다. 마지막으로 결심한 것은, 자신이 반드시 성공해서 벤츠를 타고 다녀야겠다는 것이다. 성공해서 최고급 차를 타고 싶다고 생각했는데, 그때 자신이 아는 최고급 차가 벤츠밖에 없었기 때문이다.

1986년 월 매출 65만 엔의 작은 두부 가게로 시작해 2003년 일본 두부 업체 최초로 도쿄 증시에 주식을 상장해 일본 재계의 신화적인 인물로 주목받은 다루미 시게루의 다짐이었다. 목표란 이처럼 구체적이고 뚜렷한 목적 의식에서부터 시작된다. 설익은 사명감보다 넥타이를 매고 일하여 부자가 돼서 벤츠를 타겠다는 목표가 확 와 닿는다. 그는 실제로 유치하리만치 구체적이었던 목표를 하나하나 실현했다. 병졸 신분이지만 장군의 꿈을 가지라는 새뮤얼 스마일즈의 말을 실천한 셈이다.

비전(Vision)의 어근인 'Vis'가 '눈에 보이고 구체적으로 묘사할 수 있는 그림'이라는 뜻인 것에서도 알 수 있듯이 추상적인 희망과 대비된다. 비전 컨설턴트인 데이비드 리빙스턴은 "비전을 가진 사람은 그것을 달성할 때까지는 절대로 죽지 않는다."고 했다. 하지만 요즘 사람들은 어떤가? 집에 텔레비전은 몇 대씩 있어도 가슴속 비전은 없다. 직장인들이 불행한 이유가 거기에 있다. 직장인 절반 가량이 회사만 가면 우울해진다고 한다. 잡코리아 리서치 결과를 보면 출근만 하면 무기력해지고 우울해지는 회사 우울증에 시달린다는 이가 49.9퍼센트에 달했다. 그 원인은 바로 회사에 대한 불확실한 비전(47.0퍼센트)과 자신의 미래에 대한 불확실한 비전(39.3퍼센트)이 1, 2위를 차지했다.

그러면서 드라마에 나오는 부자들처럼 살고 싶어 하고 부자들의 이야기에 열광한다. 비전이 없는 한 그들은 이미 죽은 것이나 다름없다. 결국 텔레비전 속에 갇혀 대리 만족의 꿈만 꾸다 인생을 허비할 것이다. 에머슨이 말했듯이 인생의 비극은 목표를 달성하지 못하는 것이 아니라 달성하고자 하는 구체적인 목표가 없는 것이다.

비전이 있는 사람이 성공하는 이유는 간단하다. 그들은 스스로 가야 할 방향을 너무나 정확하고 명료하게 알고 있기 때문이다. 또 무엇을 해야 되는지도 알고 있다. 그렇기 때문에 그것을 실현시킬 구체적인 방법도 도출해 낸다.

: 목표를 달성하는 나만의 시크릿 만들기

　미국계 컨설팅 업체인 베인&컴퍼니가 비영리 연구 단체인 플래닝 포럼과 공동으로 전 세계 787개 대기업을 대상으로 실시한 조사에 따르면 비전 경영이 가장 활용도가 높은 경영 기법으로 나타났다. 그 이유 중의 하나가 상대적으로 적은 비용을 투자해 효율성이 높기 때문이다.

　비전은 기업에 있어서도 개인에 있어서도 큰 그림이다. 가능한 한 비전은 크게 그려라. 비전은 실현 가능한 것을 찾아내는 작업이 아니라 꿈을 실현 가능하게 만드는 원동력이다. 큰 그림을 그리는 것이 중요한 이유는 무엇일까?

　제너럴 일렉트릭(GE)의 전 회장 잭 웰치의 경영 원칙 중에 스트레치(Stretch) 이론이 있다. 스트레치란 '잡아 늘이다' 라는 의미로 목표를 설정할 때 자신이 할 수 있는 것보다 더 높게 정하고 행동하라는 것이다. 100을 목표로 하면 100을 달성하기 어려울 경우도 있지만 목표를 150으로 잡으면 100의 달성은 무난해진다.

　도널드 트럼프도 "소박한 꿈은 아무 소용없다. 무엇이 됐든 마법은 일어나지 않을 테니까."라고 말하면서 대신 큰 꿈을 가지라고 충고한다. 엄청난 돈을 벌고 싶다면 대담한 목표를 세우고 노력하라는 것이다. 한마디로 크게 생각하고 과감하게 행동하라는 것이 요지이다. 목표를 정할 때는 먼저 큰 그림을 그리자. 그 다음 그림 속에 무엇을 채워 넣을지 어디에 배치할지를 생각하자.

: 1등들의 자기암시, 이끄는 이미지 트레이닝

사업을 시작할 당시의 아이템은 내가 아무것도 모르는 분야였다. 하지만 이상하리만치 걱정되지 않았다. 자본도 경력도 함께 일할 사람도 없었는데 오히려 당시 국내에서 가장 큰 연예 매니지먼트사에 다니고 있었을 때보다 더 활기차고 열정적으로 일할 수 있었다.

그것은 다름 아닌 목표를 성취했을 때의 내 모습에 대한 기대감이 크게 작용했기 때문이다. 과거 월드컵에서 안정환 선수가 골을 넣을 때마다 붉은악마를 매료시켰던 세리머니를 기억할 것이다. 반지의 제왕에서부터 오노에게 빼앗긴 쇼트트랙의 금메달을 풍자하던 세리머니까지 안정환은 분명 팬들이 열광하는 모습을 상상해 보았을 것이다. 물론 목표는 골대에 골을 장렬하는 것이었을 터이다. 목표 그 자체만으로는 어떤 환상과 에너지를 주지 않는다. 목표는 다분히 이상적이고 이성적이다. 우리를 감동시키는 것은 훌륭한 연설문보다 애절한 한 곡의 노래이듯이 이상과 이성이 충족되고 난 뒤의 감성을 느껴 보아야 한다. 1등 경험은 표면적으로는 정상의 고지에 오른 사진 한 장뿐일지 모르지만 그 사진을 다시 보거나 떠올렸을 때 다시 그 감동을 맛보고자 하는 욕구에 빠져든다. 골프 황제 타이거 우즈는 열여섯 살 때 자기 방에 두 장의 사진을 붙여 놓았다고 한다. 빨간색 스포츠카와 당대 최고의 골퍼인 잭 니클로스의 사진이었다.

목표로 이끄는 자발적이며 강렬한 마법의 열쇠가 있다. 바로 이미지 트레이닝(Image training)이다. 다소 생소할 수 있지만 눈만 감고 꾸준히 연습하면 해결되는 손쉬운 방법이다. 이미지 트레이닝이란 상상력을 이용하여 머릿속에 그 운동이나 동작을 그려 보는 연습을 의미한다. 더 나아가서는 그 훈련으로 성공한 미래의 모습을 현실로 받아들이고 그 성취감을 만끽하는 것도 포함된다.

스피드 스케이팅 이강석 선수의 컴퓨터를 켜면 자동으로 실행되는 동영상이 있다. 2005년 동계 유니버시아드 대회에서 동메달을 땄던 그는 500미터에서 금메달을 목에 건 나가시마 게이치로(長島圭一郎)의 장면을 반복해서 보았다. 그리고 수없이 자동 반복될 때마다 이강석 선수는 나가시마와의 경쟁을 이미지 트레이닝했다. 어떻게 출발해서 어떻게 코너링을 할지 경쟁자의 동작 하나하나를 놓치지 않았다. 그 결과 이강석 선수는 2년 만에 나가시마 게이치로를 넘어섰다.

미국의 일리노이 대학교에서 농구 선수들을 세 그룹으로 나누어 실험을 했다. A그룹은 한 달 동안 실제 슈팅 연습을 했고, B그룹은 아무런 훈련도 하지 않았다. 그리고 C그룹은 슈팅 연습을 마음속으로 했다. 한 달 후 세 그룹을 테스트한 결과 A그룹은 득점률이 25퍼센트 나아졌고, B그룹은 전혀 향상되지 않았다. 그런데 놀라운 것은 마음속으로 이미지 트레이닝을 했던 C그룹이 A그룹과 같은 25퍼센트의 득점률 향상을 가져왔다.

이미지 트레이닝은 자신이 원하는 미래를 반복해서 마음속의 구체적인 영상으로 만드는 것이다. 간절히 원하면 이루어진다는 것이 실험으로도 입증된 셈이다. 이미지 트레이닝이 성공을 거두려면 시각화된 장면에 감정을 부여해야 한다. 골을 넣고 환호하는 모습, 멋진 세리머니, 관객에게 보내는 미소처럼 살아 있는 장면들이 연출되어야 한다.

미래의 모습을 이미 일어난 현실로 받아들이고, 당신에게 아직 1등 경험이 없다면 이미지 트레이닝으로 1등을 체험해 보라. 당신은 이미 1등이고 세상 사람들은 당신에게 열광하고 있다. 1등으로 누릴 혜택도 함께 만끽해 보라.

Chapter 2

삶을 성취로 이끄는
혁신형 인간

실패한 사실이 부끄러운 것이 아니다. 도전하지 못한 비겁함은 더 큰 치욕이다.
_ 로버트 슐러(Robert Schuller), 미국 목사

: 현실에 안주하는 겁쟁이들

일본 유학 때의 일이다. 나는 한 가지만은 반드시 지키리라 마음 먹었다. 바로 한국인과 절대 어울리지 말자였다.

나는 일본 친구들하고만 어울려 다녔다. 랭귀지 스쿨을 다녔지만 도쿄에 소재한 6대 명문대학인 도쿄대(東京大), 게이오대(慶應大), 와세다대(早稻田大), 릿쿄대(立敎大), 호세이대(法政大)를 두루두루 돌아다니며 일본 친구들과 친교를 쌓았다. 학교를 다니지 않아도 국제교류회라는 동아리는 외국인을 마다하지 않았다. 어학 실력이 빠르게 향상되는 것은 기본이고 살아 있는 일본을 체험할 수 있었다.

일본의 수많은 한국 유학생들은 끼리끼리 뭉쳐 다녔다. 하루 4시간 하는 랭귀지 스쿨이 끝나면 한국 학생들끼리 밥을 먹고 오후에는 함께 기숙사나 자취방에서 놀곤 했다. 외국에 왔으면 외국어만이 아니라 외국 문화를 접해야 어학 실력도 늘고 다양한 문화 체험의 기회를 가질 수 있음에도 불구하고 그들은 대체로 그러한 기회를 스스로 박탈했다.

아시아·태평양 14개국 및 듀폰(Dupont) 코리아의 김동수 회장은 한국의 젊은이들이 현실에 안주하고 있다며 그들의 행태를 비판하고 있다. 그가 미국 본사에 근무할 때 본 한국 유학생들은 끼리끼리 어울리며 학교나 교회, 숙소만 돌아다닌다는 것이다. 게다가 자유분방하게 놀 때는 미국식이면서 경제적으로 부모에게 기대는 것은 한국식이다. 그러니 유학을 다녀와서도 글로벌 무대에 서는 것을 두려워한다는 것이다. 10년 전만 해도 후진국이었던 중국이나 인도의 인재들이 본사 회의를 주도하는 반면 한국 인재들은 국제 회의나 만찬장 뒤에서 주눅든 것처럼 서 있다고 강조했다. 또한 한국 직원들에게 미국 본사 근무를 권하면 한국이 편하다고 거절하고 전공이 아닌 분야에는 아예 눈도 돌리지 않고 근무를 피한다는 것이다.

한국 사람들만큼 우리라는 말을 즐겨 쓰는 민족도 없을 것이다. 그러나 반대로 '우리'라는 틀 안에 갇히면 밖을 내다보지 못하고 미처 무언가 도전해 보기도 전에 두려워하기 일쑤다. 너도 나도 안정적인 공무원 시험에 매진하고 남들이 하는 것을 따라해야 직성이 풀리는 구조에서 도전은 어렵다.

: 현재에 만족하는 순간 추락한다

후지노 히데토(藤野英人)는 서른세 살 때 이미 2,800억 엔을 운용하면서 연평균 200퍼센트의 수익을 올렸던 일본의 스타 펀드 매니저이다. 와세다 대학교 법학부를 졸업한 그는 노무라 투자사와 자딩 플레밍(Jardin Fleming) 투신·투자사의 고문을 지냈다. 자딩 플레밍 투자사를 퇴사할 때는 아사히 신문(朝日新聞)이 그의 거취 문제를 기사화할 정도로 지명도와 실력에 있어서 최고인 펀드 매니저였다.

그를 대중적 스타로 만든 것은 아사히 신문에 연재한 '천성인어(天聲人語)'라는 칼럼이었다. 당시 투자할 만한 회사인지 아닌지를 판단하는 칼럼 '후지노의 법칙'은 일본 내에 신드롬을 몰고 왔다. 이러한 후지노의 법칙의 탄생 뒤에는 그의 독특한 습관이 있었다. 사법 시험 공부에 몰두했던 그는 법학과 출신으로 입사 당시에는 금융 지식이 부족했다. 그래서 초기에는 선배를 따라 회사를 방문해도 할 일이 없었다. 그는 지루함과 졸음을 견디기 위해 노트를 꺼내 경영자와 방안 풍경을 스케치하면서 시간을 보냈다. 그렇게 수년간 수백 수천 명을 스케치하다 보니 잘 되는 회사와 그렇지 못한 회사와의 패턴을 찾아냈다. 그의 관찰은 일반적인 기업 보고서와는 달랐다. 그는 사장을 만나 보면 그 기업이 좋고 나쁜지를 5분이면 판단할 수 있게 되었다. 그의 저서 『잘 되는 회사 안 되는 회사의 법칙』에 나온 법칙 중 몇 가지를 소개해 본다.

1. 과거의 고생담을 늘어놓는 사장은 장래성이 없다.
2. 사장이 직접 자서전을 선물하는 회사에 대한 투자는 피하라.
3. 번쩍거리는 고급 시계를 차고 있는 사장을 주의하라.
4. 저명인사와의 친분 관계를 들먹이는 사장은 실속이 없다.
5. 업계 단체나 로터리 클럽의 명함을 자랑하는 사장을 주의하라.
6. 호화스러운 사옥을 새로 세우는 시점이 실적과 주가의 절정기다.
7. 슬리퍼로 갈아 신는 회사에 투자하면 실패한다.
8. 사원들에게 체조를 억지로 시키는 회사는 돈을 벌지 못한다.
9. 화장실이 더러운 회사에 투자하면 반드시 손해를 본다.
10. 접수처의 여직원이 상당히 미인인 회사는 문제가 있다.
11. 자사 제품 이외의 선물을 주는 회사에 대한 투자는 피한다.
12. 고문이 있는 회사는 성장성이 낮다.
13. 도덕성이 낮은 기업은 언젠가는 결점을 드러낸다.

: 1등처럼 생각하고 1등처럼 행동하라

과거는 가격을 기반으로 한 미국, 일본의 뒤를 잇는 2등 전략이 유효했지만, 이제는 거대 경제의 주축으로 떠오른 중국과 인도 등에 밀려 샌드위치 신세로 전락했다. GE가 번성할 때는 GE를, 구글이 잘나갈 때는 구글을 답습하는 형태로 베끼기를 해서는 절대 1등이 될 수 없다. 이제 자신만의 스타일을 만들어 나가야 한다.

한때 한국의 MP3는 세계 시장을 주도했다. 특히 아이리버는 MP3의 리딩 브랜드였다. 한때 매출이 5,000억 원에 이르던 회사였지만 불과 수년 만에 적자로 반전하고 시장 점유율은 대폭 하락했다. 독자 브랜드로 아이리버를 생산하면서 경영진은 착각에 빠지기 시작했다. 거대한 애플과 맞서면서 애플의 뒤를 쫓으면 2인자 자리는 무난할 것으로 내다봤던 것이다. 그래서 애플과 비슷한 디자인을 선보이면서 점차 아이리버의 색깔을 잃어갔다. 2위는 고사하고 매출액은 급감하고 거래선들은 떨어져 나갔다. 나중에 경영 실패의 원인을 진단해 보니 애플과 유사한 제품을 만들고 있었다는 것이다. 외부 기관의 평가에서 업계 평균치를 밑도는 창의성 지수가 나왔다. 심지어 일본의 한 고등학생이 아이팟을 지나치게 의식해서 아이리버만의 개성을 잃었다고 질타하기도 했다.

과거의 성공이 오늘의 장애가 되는 것이 현실이다. 삼성경제연구소(SERI) CEO 회원 305명을 대상으로 한 설문 조사에서도 89.5퍼센트가 과거의 성공 모델이 미래에는 도움이 되지 않는다고 답했다.

장애가 되는 구체적인 이유로 시장의 요구가 변덕스러울 정도로 끊임없이 변하고 있으며 성공에 도취되어 과거에 안주하려는 경향이 나타나기 때문이다. 1등은 위험을 일정 부분 감내하고서 시장을 개척해야 한다. 위험을 회피하려는 것이 인간의 본성이지만 도전 정신으로 이겨 내야 한다. 세상에 위험하지 않은 것은 아무것도 없다.

언론 고시라 할 만큼 기자가 되는 것은 쉬운 일이 아니다. 그는 안정적인 신문기자에서 새로운 일에 도전하고자 기자직을 버린다. 그는 야후 코리아 사장과의 인연으로 2000년 야후 코리아에 평사원으로 입사하여 자신의 전문성을 살려 뉴스 서비스를 인터넷에 접목시켜 히트시킨다. 이후 2002년에는 NHN 기획실장으로 자리를 옮겨 승승장구해 2004년에는 NHN 네이버 부문 부문장을, 2005년에는 NHN 국내 사업 총괄 대표이사를 역임했다. 그는 바로 2007년부터 NHN 대표이사를 맡고 있는 최휘영 대표이사다. 인터넷 업계에 발을 들여놓은 지 불과 7년 만에 멋지게 국내 최고 인터넷 기업의 수장에 올랐다. 그는 자신의 성공 비결은 도전 정신이라고 말한다. 그리고 그의 끊임없는 도전은 이제 일본 검색 시장을 향해 있다. 그는 도요타가 '타도(打倒) 도요타'를 외치듯이 지난날의 성공 경험을 뛰어넘기 위해 앞으로도 자신과의 싸움을 치열하게 벌일 것이다. 아마도 그의 최종 목표는 '타도 최휘영'이 아닐까?

Chapter 3

행동 패턴까지
모조리 혁신하라

혁신만이 유일한 출구다. 스스로를 폐기하지 않으면 경쟁이 우리를 폐기할 것이다.
_ 앤디 그로브(Andy Grove), 인텔 회장

: 개선할 것인가, 혁신할 것인가?

- 개선(改善): 잘못된 것이나 부족한 것, 나쁜 것 따위를 고쳐 더 좋거나 착하게 만듦.
- 혁신(革新): 묵은 풍속, 관습, 조직, 방법 따위를 완전히 바꾸어서 새롭게 함.

한 목재 회사에서 벌목공 채용 공고를 냈다. 자격 조건은 '건강하고 나무를 잘 베는 사람'이었다. 프랑코는 수석으로 합격했다. 그 회사는 능력을 발휘하는 사람에게는 작업량에 따라 인센티브를 주었다. 그는 열심히 일한 덕에 벌목공 중 최고 대우를 받았다. 그러던 어느 날 회사에서 그를 불렀다. 그는 내심 승진을 기대하며 사무실에 들어갔다. 그런데 그에게 날아온 것은 해고 통지서였다. 그는 도저히 믿을 수 없었다. 직원 중 가장 열심히 일했고 회사도 탄탄했기 때문에 이유를 알 수 없었다. 그래서 따지듯이 이유를 물었더니 사장은 그에게 이렇게 대답했다.

"프랑코 씨, 잠시 문을 열어 보시겠습니까?"

그가 문을 열고 밖을 보니 전기톱과 중장비 소리가 요란하게 울리고 있었다.

개인과 기업은 이제 변화를 자산으로 만들 줄 알아야 한다. 프랑코의 실력은 회사 입장에서는 남들보다 조금 더 잘하는 정도의 개선이었다. 그러나 그 개선은 전기톱이라는 혁신에 의해 무용지물이 되고 말았다.

과거 삐삐가 유행하던 시절이 있었다. 그러나 휴대폰이라는 이동 통신의 혁신에 의해 삐삐라는 기기는 한순간에 사라졌다. 이제는 마치 통신업계의 전설처럼.

빌 게이츠는 마이크로소프트 사람들은 오직 한 가지만은 그 누구보다도 정확히 알고 있다고 말한다. 마이크로소프트에 다니는 한 자신들이 만든 상품을 4년 안에 진부한 상품으로 전락시켜야 한다는 것을 알고 있다는 것이다. 스스로 혁신하지 못하면 경쟁사가 마이크로소프트를 위기로 몰아넣을 것이란 강력한 메시지인 셈이다.

피터 드러커는 혁신은 하면 좋은 것이 아니라 하지 않으면 기업은 도태된다고 충고한다. 개인 또한 개선은 기본이고 혁신을 하지 않으면 사오정, 삼팔선의 희생양이 되고 만다. 혁신은 건강한 위기의식에서부터 찾아온다. 부정(否定)하며 제로에 놓고 다시 시작하라. 현재 자신이 하는 일이 잘못됐다고 생각해 봐라. 제로에서 시작하면 혁신의 길이 보인다.

: 위기 의식으로 무장하라

오늘날의 자기 계발은 달리는 자전거 위에 올라탄 형국이다. 잠시라도 페달을 밟지 않으면 자전거는 멈춰 버리고 쓰러진다. 끊임없이 페달을 돌리는 자기 혁신이 생존의 습관이 되어야 한다.

습관의 전제는 잘 나갈 때도 언제나 위기 의식을 품고 있음으로써 가능해진다. 미국의 GM을 제치고 세계 최대 자동차 생산업체로 떠오른 '도요타의 마른 수건 짜내기'를 보자. 도요타는 1등이 아니면 살아남을 수 없다는 건강한 위기 의식이 회사 전체에 흐르고 있다. 위기 의식을 긍정적으로 이용해 성공의 원동력으로 삼고 있는 것이다.

도요타는 미국의 빅3 자동차 회사를 합한 것보다 더 많은 이익을 내고 있지만 도요타의 위기 의식은 멈추지 않고 있다. 1999년부터 시작된 비용 절감 운동인 CCC21 운동을 펼쳐 원가를 무려 30퍼센트 줄였는데 이로 인해 얻은 이익만 2,000억 엔이 넘는다. 그러나 도요타는 부품 간소화를 통해 또다시 비용 30퍼센트를 줄이겠다고 나섰다. 그뿐이 아니다. 린 프로덕션(Lean Production) 운동을 통해 비효율적인 생산 시간과 작업 공간을 혁신하여 능률을 배가시켰다. 그 결과 차 한 대 만드는 시간을 2002년 21.8시간에서 2004년 19.5시간으로 줄였다.

퐁듀(Fondue) 방식으로 유명한 작업 공간 혁신은 사고의 전환점 사례로 유명하다. 자동차 도색 작업의 공간이 비효율적으로 넓다는 지적에 고민을 거듭한 결과 탄생한 것이 바로 퐁듀 방식이다. 한마디로 자동차를 페인트가 가득한 냄비에 넣어 도색하는 방법이다.

도요타의 적은 GM이나 포드가 아니다. 도요타의 적은 외부에 있지 않고 내부에 있다고 한다. 도요타는 혁신의 대상을 생산 방식과 영업 방식에 두고 있다. 그들은 현재의 도요타를 넘어서야 미래가 보인다고 말한다. 이익이 사상 최고치를 경신하고 있지만 도요타 노조는 4년 연속 임금 동결을 자청했다. 오히려 지금이 가장 위험하다는 인식이 팽배해 있다. 이 위기감은 와타나베 가츠아키(渡邊捷妻昭) 사장의(월 스트리트 저널) 최근 인터뷰에서도 드러난다.

"도요타가 이미 경쟁력을 잃었다."

세계 경영학 교과서로 통하며 도요타의 기업 정신으로 이어져 온 '개선'이 이제 위기 의식의 공감에서 '혁신'으로 대체되고 있다. 도요타는 새로운 성장 동력으로 가치 혁신(VI: Value Innovation)을 선택했다.

: 점핑, 점핑, 점핑!

혁신을 위해서는 워킹(Walking)과 점핑(Jumping)을 조화시켜야 한다. 워킹은 작은 혁신으로 생산 방식이나 서비스 개선, 제품의 성능 향상 등을 일컫는다. 반면 점핑은 큰 혁신으로 기존과는 전혀 새로운 제품·기술·생산을 통해서 기업의 체질 자체를 바꾸는 것이다. 그래서 점핑은 워킹보다 많은 시간과 열정을 요구한다.

「하버드 비즈니스 리뷰(Harvard Business Review)」는 글로벌 100대 기업들이 통상 전체 사업의 14퍼센트를 점핑에 투입하는데, 그 효과는 전체 수익의 61퍼센트를 차지하는 것으로 보도했다. 점핑은 오랜 시간과 높은 위험도를 내포하고 있지만 결국 기업 성장을 이끄는 핵심 동력이 된다는 것이다.

현대경제연구원 보고서 「만년 2위 탈출 전략」은 점핑과 워킹의 성공과 실패 사례를 극명하게 보여 준다. 일본의 닌텐도는 2006년 말 시가 총액이 4조 3,775억 엔으로 소니의 5조 1,108억 엔에 미치지 못했다. 닌텐도가 포괄적인 게임 대중화 전략을 점핑으로 채택한 반면 소니는 한정된 마니아층을 위한 워킹인 첨단 기기 개발에 주력했다. 그 뒤 2007년 닌텐도의 시가 총액은 9조 4,209억 엔을 기록했고 소니는 6조 2,243억 엔에 머물렀다.

또한 2004년은 매출액에서 2006년에는 순이익에서도 50억 달러의 코카콜라를 6억 달러 차이로 펩시콜라가 건강과 스포츠를 선호하는 고객들의 니즈를 읽고 기능성 음료 시장을 개척하는 점핑을 시도했다. 코카콜라에서 탄산음료가 차지하는 비중이 80퍼센트인데 반해 펩시는 20퍼센트밖에 되지 않았다. 결국 코카콜라는 다이어트 콜라와 같은 탄산음료 중심의 워킹으로 118년 만에 펩시콜라에게 자리를 내주었다.

125년 전통의 역사를 가진 코닥도 살아남기 위해 필름을 버렸다. 안토니오 페레즈(Antonio Perez) CEO가 취임한 이후 코닥은 디지털 카메라 시장으로 뛰어들었고 대대적인 혁신을 통해 2004년 미국 시장에서 21퍼센트의 시장 점유율 1위를 기록했다. 또한 코닥은 제품 혁신을 뛰어넘어 지속적 수익을 위한 비즈니스 모델 혁신까지 안착시켰다. 디지털 카메라 판매뿐만 아니라 PC에서 앨범 관리까지 하는 소프트웨어를 내놓아 큰 호응을 얻었다.

한국의 제일모직도 대대적인 혁신을 진행 중이다. 기업 이름이나 빈폴, 갤럭시 등 의류 브랜드를 아는 사람이라면 패션 회사라고 생각할지 모르지만 제일모직은 화학 회사로 거듭나고 있다. 전체 매출에서 패션이 39퍼센트를 차지하고 나머지는 화학과 전자 재료에서 발생한다. 잘 나갈 때 미래를 준비하자는 취지에서 미국의 듀폰, 일본의 도레이(Toray)를 벤치마킹해 섬유 회사에서 고부가 가치 화학 회사로 도약하고 있다.

기업과 개인은 시대가 변화하는 속도에 민감하게 반응해야 동시에 변화의 질도 중요해졌다. 단순히 변화하는 정도의 혁신은 순간의 만족은 가져올 수 있지만 급작스러운 혁신과 같은 패러다임의 변화에 의해 모든 것이 물거품이 될 수도 있다는 점을 명심해야 한다. 현재의 모습에서 점핑할 수 있는 사고와 행동이 뒤따라야 한다. 누구 말대로 5퍼센트의 성장은 어려워도 30퍼센트 성장은 가능하다는 것이 그 이유다.

Chapter 4
책에서 길을 찾다

독서는 하나의 창조 과정이다.

_ 일리야 에렌부르그(Ilya Ehrenburg), 러시아 작가

: 사람은 책을 만들고 책은 사람을 만든다

공부하는 직장인 '샐러던트(Saladent)'라는 신조어가 이미 한물간 단어가 되었을 정도로 직장인들의 학습 열풍이 거세다. 주로 외국어와 전문 영역 그리고 책이나 강연을 통해 자기 계발을 해 나가고 있다. 내년 한국 경제는 올해보다 더 안 좋을 것이라는 전문가들의 예측이다. 안됐지만 앞으로 과거와 같은 개발도상국 시절의 경제 성장률은 회복하기 어려울 전망이다. 특히 국가와 국가 또는 한 국가와 세계의 경기 등이 같은 흐름을 보이는 동조화 현상, 즉 커플링(Coupling)이 심화되면서 외생 변수의 영향력이 커지고 있다. 역설

적으로 외생 변수의 폭이 커지면 커질수록 개인들은 더욱 학습에 매진하는 효과를 가져온다. 세계의 조류에 개인이 맞서기에는 불가능하기 때문에 개인이 세계적 위기를 극복하는 방법은 오로지 학습을 통한 자기 계발뿐이다. 그래서 자기 계발은 선택의 문제가 아니라 필수이다. 과거 대학을 가기 위한 수동적인 학습들은 모조리 잊고 당장 내년 그리고 3년, 5년 후를 뒷받침할 수 있는 학습이 필요하다.

다만 문제는 자아 도취형 학습이다. 학습은 배움으로 끝나는 것이 아니라 현실에 실천함으로써 학습 효과를 거둘 수 있다. 그러나 그저 학원을 다니고 통신 교육을 받고 유행하는 책을 읽었다고 해서 자기 계발이 되는 것이 아니다. 근래 커뮤니티 등에서 이러한 직장인들을 자주 보게 된다. 베스트셀러를 화제로 꺼내며 지식 유행에 뒤처지지 않았다는 자기 과시를 하지만 정작 현실에 어떻게 적용했는지는 한마디도 없다. 책 한 권을 읽고 뿌듯함을 느끼는 것은 자위 행위에 불과하다. 책 읽는 방법론을 제시하는 책은 많이 있지만 책을 읽고 적용하고 평가하는 책은 드물다. 더욱 개인의 의지가 절실하게 요구되는 부분이다. 많은 책을 정독하는 것보다 중요한 것은 단 하나를 배웠더라도 나를 개선하는 행동으로 옮겨야 한다.

그런 점에서 정보 통신업계의 독서광으로 소문난 삼성 SDS의 김인 사장을 본받을 필요가 있다. 한 달에 평균 5권 이상 책을 읽는데 신라호텔 부사장에서 삼성 SDS 사장으로 부임한 첫날 찾은 곳이 교보문고였다. 김인 사장은 독서에서 얻은 지식을 경영에 적극 활용하고 있다. 7,000여 명의 직원이 400곳에서 일하는 회사의 특성상 직원들과의 공감대 확보를 위해 매주 월요일 편지를 쓴다. 이 월요편지는 커뮤니케이션을 활성화시키고 조직 문화 형성에도 큰 기여를 했다. 백지장도 맞들면 낫다는 속담 있다. 이 속담의 21세기 버전은 독서 뒤에는 백지장에 뭐라도 쓰자가 될 것이다!

: 부자들의 성공 습관, 독서

성공한 사람들은 모두 독서가다.(All leaders are readers.) 정규 교육으로도 많은 것을 배울 수 있지만 결국 인생에서 꼭 필요한 능력은 대부분 혼자서 터득해야 한다는 크라이슬러(Chrysler)의 리 아이아코카(Lee Iococa) 회장의 말이 떠오른다. 나 또한 그 첫발이 책이라고 단언할 수 있다. 간혹 독서를 취미라고 말하는 사람들이 있다. 어쩌면 인생이 한가한 사람들인지 모른다. 빌 게이츠도 하루도 거르지 않고 하루에 한 시간씩 책을 읽고, 워렌 버핏은 보통 사람들보다 평균 5배 정도 독서를 한다고 한다.

"약간의 돈이 생기면 책을 사고, 그렇게 하고 남은 돈이 있을 때에야 비로소 먹을 것과 입을 것을 샀다."는 인문학자 에라스무스의 말은 뒤로 하더라도 독서가 취미인 사람에게는 책이란 습관적으로 먹는 밥과 같다.

경기가 나쁘다 보니 '도시락 족'이 점점 늘고 있다. 내가 아는 지인 한 명도 그중 한 명이다. 하지만 그가 도시락을 가지고 다니는 이유는 색

다르다. 점심값을 아끼기 위해서도 아니고 그렇다고 채식주의자도 아니다. 점심시간을 활용해 책을 읽기 위해서다. 도시락을 가지고 다니면 왔다 갔다 하는 상당 시간을 줄일 수 있다는 것이다. 그는 얼마 전에 승용차도 없앴다. 출퇴근이 번거롭더라도 그 시간에 책을 읽기 위함이다. 하루에 왕복 1시간 30분 중 하루 한 시간만 책 읽는 데 투자하면 한 달에 5~6권은 읽을 수 있기 때문이다. 그는 현재 모 연구 기관의 연구원인데 자신이 원하는 동기 부여 컨설턴트가 되고자 지금부터 공부를 하는 중이다.

우리나라의 장수기업 이랜드는 지식 경영으로 유명하다. 지식 경영이 시초가 된 것은 박성수 회장의 독서 습관 때문이었다. 그는 독서광으로 일주일에 2권을 독파한다. 해외 출장 때도 빠지는 법이 없다. 수시로 임직원들에게도 친필 편지가 담긴 책을 선물하고 그들도 300권이 넘는 필독서를 읽어야 한다. 심지어 직원들에게 각종 포상을 할 때도 도서 상품권을 지급한다. 한 권이라도 더 읽으라는 의미다.

성공한 사람들의 공통점은 엄청난 독서 애호가란 것이다.

그렇다고 무조건 책을 많이 읽는다고 모두가 성공하고 부자가 된다는 말은 아니다. 그러나 성공한 부자들 중에는 책을 읽지 않는 사람은 없다는 사실을 간과하지 말자.

: 읽고 또 읽어라

혹시 당신은 책을 읽다 눈이 감기는가? 그렇다면 당신의 미래를 향한 눈도 감긴다. 교양이나 아이디어 수준은 다양한 책을 읽어 보고 편식하지 않는 것이 좋다. 여기서 중요한 것은 한 우물을 파라는 것이다.

헬스장에 가보면 초보자와 전문가의 운동 패턴이 다른 점을 한눈에 알 수 있다. 초보자는 일단 몸을 만들어야겠다는 큰 틀만 생각해 구체적인 계획 없이 이리저리 배회하다 여러 기구를 몇 번씩 움직이다 만다. 그에 반해 전문가들은 일단 계획적으로 몸 만들기에 임한다. 하루는 상체 운동만 집중적으로 하고 다음 날은 하체를 집중적으로 하면서 이렇게 부위별로 등·어깨·복부 등으로 세분화해서 운동한다. 그리고 자세히 보면 하루에 들어 올릴 수 있는 최대한의 무게와 횟수로 그 부위를 단련시킨다. 그래야만 눈에 띄는 몸의 변화를 느낄 수 있다. 지식 또한 마찬가지다. 그저 몇 권 읽고 지식을 현장에 대입하는 데는 한계가 있다. 한 분야에서 1등을 하려면 끝장을 보아야 한다.

어느 한 분야의 책을 100권 정도만 읽으면 그 분야 전공 대학교수보다 그에 대해 더 많이 알게 된다고 한다. 자신의 일에서 프로가 되고 싶다면 제일 먼저 그 분야의 관련 책 최소 100권은 섭렵해야 한다. 어느 분야에서나 1등은 노력과 땀 없이는 불가능하다.

삼성경제연구소가 2008년 국내 CEO들의 독서 습관을 분석한 결과 전문 분야라고 할 수 있는 경제와 경영이 62.7퍼센트로 대다수를 차지했고 취미와 교양과 문화 예술이 각각 7.6퍼센트를 차지했다. 또한 국내 CEO들의 한 달 평균 독서량은 약 60퍼센트가 한두 권이었으며 세 권 이상 읽는 사람도 26.6퍼센트로 나타났다. 이들이 바쁜 와중에도 독서를 게을리하지 않는 것은 독서가 삶의 지혜 획득과 시대 트렌드 포착, 경영 아이디어를 발굴하는 보고였기 때문이다.

그들은 출장행 장거리 비행기에서는 물론 반신욕을 하면서 심지어 화장실에서도 손에서 책을 놓지 않았다. 그리고 그때그때 얻은 정보는 메모해 두었다가 경영에 활용했다. 독서는 단순히 한가로운 여가생활이 아니다. 절체절명의 시대에 미래의 흐름을 읽고 혁신적인 아이디어를 창조해 내는 경쟁력의 원천이다. 투자의 미다스 손 워렌 버핏 또한 지혜를 구하는 한 독자의 요청에 이렇게 답변했다.

"책을 읽고 읽고 또 읽어라."

1년은 총 52주이다. 일주일에 두 권씩만 읽으면 1년 만에도 소기의 목적을 달성할 수 있다. 이번 주말에 읽으려 계획했는데 아침에 늦잠을 잤거나 피치 못한 계획이 생겼다면 잠들기 전 10분만이라도 반드시 읽어라. 지식뿐만 아니라 자신의 의지력도 개발해야 한다. 한 분야를 깊이 파서 성공 모델을 만들고 지식과 비즈니스의 영토를 넓혀라.

독일 문학의 거장 마르틴 발저(Martin Walser)는 우리는 우리 자신이 읽은 것으로부터 만들어진다고 했다. 공부의 본질은 자기가 부족한 부분이 뭔지를 확실히 파악하는 것이다. 지금 당신이 1등을 목표로 하고 있는 분야가 있다면 먼저 책장에 관련 책부터 채워라. 그러면 아무리 경제 빙하기니 경제 불황이니 해도 단연코 미래형 인간으로 거듭날 수 있으리라.

1등 경험

초판 인쇄 | 2009년 1월 15일
초판 발행 | 2009년 1월 22일

지은이 | 김도연
펴낸이 | 심만수
펴낸곳 | (주)살림출판사
출판등록 | 1989년 11월 1일 제9-210호

주소 | 413-756 경기도 파주시 교하읍 문발리 파주출판도시 522-2
전화 | 영업부 031)955-1350 기획편집부 031)955-4661
팩스 | 031)955-1355
이메일 | book@sallimbooks.com
홈페이지 | http://www.sallimbooks.com

ISBN 978-89-522-0980-1 03320

* 잘못된 책은 구입하신 서점에서 바꾸어 드립니다.
* 저자와의 협의에 의해 인지를 생략합니다.

책임편집·교정 | 김미경

값 11,000원

살림Biz는 (주)살림출판사의 경제·경영 전문 브랜드입니다.